교실 게이미피케이션

교실 게이미피케이션

가르치지 말고 플레이하라

지은이 김상균 · 김무광 · 최은주 · 조기성 · 김기정 · 문미경

테크빌교육

교실 게이미피케이션

초판 1쇄 발행 2020년 3월 20일
2쇄 발행 2021년 11월 15일

지은이 김상균 · 김무광 · 최은주 · 조기성 · 김기정 · 문미경
펴낸이 이형세
펴낸곳 테크빌교육㈜
책임편집 이윤희 | **편집** 김희선 | **디자인** 어수미 | **제작** 제이오엘앤피
테크빌교육 출판 서울시 강남구 언주로 551, 5층 | **전화** (02)3442-7783 (142)

ISBN 979-11-6346-077-0 03370
책값은 뒤표지에 있습니다.

테크빌교육 채널에서 교육 정보와 다양한 영상 자료, 이벤트를 만나세요!

블로그 blog.naver.com/njoyschoolbooks	**페이스북** facebook.com/teacherville
티처빌 teacherville.co.kr	**키즈티처빌** kids.teacherville.co.kr
쌤동네 ssam.teacherville.co.kr	**티처몰** shop.teacherville.co.kr

> 교실 수업에
> 게이미피케이션이
> 필요할까요?

"처음부터 디지털 치료제를 만들려고 했던 것이 아니라, 효과적인 치료제를 만들려고 했는데 공교롭게도 그 형태가 디지털이었다."

뇌손상 이후 시야장애 개선을 위한 치료제 개발 연구를 하고 있던 강연자가, 왜 디지털 치료제를 개발했냐는 질문에 이렇게 대답했습니다. 강연에서 이 말을 듣는 순간 속이 시원했습니다. 오랫동안 하고 싶었던 말을 드디어 했을 때의 시원함이랄까요.

교실 속 게이미피케이션 강의를 마칠 즈음이면 "모든 수업을 다 이렇게 하시나요?"라거나 "게이미피케이션을 수업에 활용하려면 어떻게 해야 하나요?"하는 질문을 받곤 하는데, 그때마다 대답이 쉽게 나오지 않았습니다. 수업에 게이미피케이션을 활용하는 것에 대해 깊이 고민해본 적이 없기 때문입니다.

당연히 게이미피케이션을 활용해 수업을 재구성하는 것이 모든 수업에 가능할 수도 없고, 그 자체가 목적이거나 목표일 수 없습니다. 다만, 무엇이 좋은 수업이고 어떻게 하면 학생들의 참여를 높이는 수업을 할 수 있을까 고민하다가 수업 내용을 게임화해서 학생들과 함께했을 뿐입니다. 이 책을 쓰면서, 게이미피케이션과 수업, 학생에 대해 차분히 생각해보는 계기가 되었음을 여기에 밝힙니다. 그리고 책에 실린 게이미피케이션 사례가 답지가 아니라, 수업에 대한 고민의 한 장으로 읽히면 좋겠습니다.

최은주_ 송화초등학교

요즘 아이들을 생각한,
학급 운영과 교과 수업

　　　　　　　　학교 현장에서 '나를 변화하게 하는 것'은 문제가 발생했을 때 흘려보내지 않고 고민하는 것이었습니다. 교사로서 학급이든 교과든, 학생들이 불편해하거나 문제가 잘 해결되지 않는 일이 생겼을 때 어떻게 하면 좋을까를 궁리했습니다. 그러면서 자연스럽게 교수 방법과 학급 운영 방법을 찾아다니게 되었습니다. 협동학습, 질문법, 토론, 프로젝트, 배움 공동체, 회복적 생활, 역할놀이, 게이미피케이션 등이 그것입니다.

　　최근 교실에서 느낀 것은 Z세대의 특징을 파악해서 현장에 녹여야 한다는 것이었습니다. Z세대는 태어나면서부터 스마트폰을 손에서 놓지 않고 사용하고 있으며, 모든 정보와 소비를 유튜브 동영상으로 습득합니다. SNS에서 자신을 표현하는 데 불편함이 없고, 많은 사람을 만나 다양한 삶을 탐색하면서 자신을 찾아갑니다. 재미있는 요소나 자신에게 유의미한 요소가 있는 콘텐츠에 자유롭게 반응하고 참여합니다.

이런 Z세대에게 학급 구성원 간의 친목을 도모하고 자연스럽게 협업할 수 있게 하기 위해서는 어떤 방법을 적용하면 좋을까? 딱 맞아떨어진 것이 게이미피케이션이었습니다. 게이미피케이션을 적용했을 때 학생들의 만족도뿐만 아니라 교육의 효과가 좋았습니다. 학생들은 1회에 만족하지 않고 '다시'를 외쳤습니다.

아직 많은 분에게 게이미피케이션은 생소할 수 있습니다. 하지만 몇 가지 요소를 염두에 두고 교과나 학급 운영에 적용한다면, 지금 학생들의 요구를 충분히 만족시키면서 교육의 목적을 달성할 수 있을 것입니다.　　　　　　　　　　김기정_ 연성중학교

미래 교육 연구자가 본
디지털 네이티브와 수업

미래 교육에 대해 연구하고 현장에 적용하면서, 누군가 미래교육에 대한 정의를 물어오면 "학생이 행복한 교육이 미래교육"이라고 이야기하고 있습니다.

선생님이나 학부모님 대상으로 우리가 가르치고 있는 디지털 네이티브에 대한 강연을 하면서, "단기적 목표에 강하고 흥미를 중요하게 생각하며 경쟁을 즐긴다"는 이야기를 합니다. 학생이 행복하기 위해서는 지식 위주의 수업보다는 디지털 리터러시와 협업할 수 있는 프로젝트 수업이나 문제를 스스로 발견하고 해결하는 학생 중심 수업이 중요하다고 믿기 때문입니다.

게임을 활용한 수업(GBL과 게이미피케이션)에는 디지털 네이티브에 맞는 학습 요소가 모두 들어있습니다. 레벨업을 위한 단기 목표와 목표를 달성에 따른 새로운 목표, 실패하더라도 다시 도전할 수 있는 컴퓨팅 사고력, 목표 달성뿐 아니라 과정까지 중시하는 다양한 보상 체계(포인트, 배지 등), 그리고 멀티플레이 게임에서의 팀플(협업)이 그 대표적 학습 요소이자 방법입니다.

게임 중독에 대한 논란이 많을 정도로 몰입감이 있는 것이 게임입니다. 이런 몰입감을 긍정적인 방향으로 선회하여 학습에 연결한 것이 '게임 활용 교육(GBL)'입니다. 모바일 게임, 온라인 게임, 콘솔 게임뿐 아니라 오프라인 게이미피케이션도 몰입감이 높고 동일한 학습 방법을 담고 있습니다. 학생들의 성향을 고려한 학습 방법이야말로 즐거운 학교, 학생이 행복한 미래 교육의 한 방법이 아닐까 생각됩니다.

이 책을 통해 디지털 네이티브들에게 지식을 가르치지 말고 학생들과 함께 플레이해보세요. 가르치지 말고 플레이하라!

조기성_ 계성초등학교

우리는 각자 자신만의 고유한 인생을 살아가고 있습니다. 그리고 동시에 자신의 인생 항로에서 만나는 다양한 문제를 해결하면서 진로를 개척해나갑니다. 이때 적절한 지식과 기술이 있다면 자신의 아이디어를 개발하면서 진로를 더 성공적으로 개척해나갈 수 있습니다. 그런데 많은 학교가 학생 스스로 문제를 발견하고 고민하여 해결하도록 가르치지 않고, 지식 전달에만 초점을 맞추어 정해진 답이 있는 문제에만 집중합니다.

진로 교육 관점에서 기업가정신 교육은 이러한 학교 교육의 한계와 오류를 극복할 수 있게 합니다. 기업가정신에서 가장 중요한 것은 끝까지 해낼 수 있는 기개(grit)입니다. 프로젝트를 끝까지 수행한 경험은 자기효능감을 높이고, 성인이 되었을 때 새로운 일에 대한 두려움을 감소시켜줍니다. 또 팀 활동을 통하여 타인에 대한 공감의 중요성을 알게 되고, 문제 해결에 자발적으로 참여하게 됩니다. 머릿속에 떠도는 막연한 생각들을 구체화하고 프로토타입을 만드는 과정에서 실행(do it)의 중요성을 깨달을 수 있습니다.

지난 수년간 게이미피케이션을 활용해 기업가정신을 교육하며 학생들의 긍정적 변화를 직접 확인했습니다. 수업에 대해 같은 고민을 갖고 다양한 활동을 시도하는 선생님들을 만나 영향을 주고받았습니다. 그리고 그 내용을 책에 담을 수 있는 기회가 찾아왔을 때 너무나 기뻤습니다.

어떻게 하면 좀 더 효과적으로 기업가정신과 게이미피케이션을 안내할 수 있을까 고민하다가 『시작하기 전에 알았더라면 좋았을 것들』(티나 실라그, 2016)을 떠올렸고, 그 내용의 흐름을 재구성하여 게이미피케이션을 활용한 기업가정신 수업 원고에 녹였습니다. 1교시 상상력 키우기, 2교시 창의적 아이디어로 문제 해결하기, 3교시 혁신적 아이디어로 가치 제안하기, 4교시 기업가정신 이해하기로 내용을 구성하고 수업 사례를 풀었습니다. 학생들이 활동에 몰입할 수 있도록 차시마다 세분화된 미션을 제시하고, 시간 제한을 두고, 적절한 난이도와 지속적인 피드백으로 미션을 끝까지 수행할 수 있도록 한 방법도 상세하게 풀어썼습니다.

이와 같은 흐름으로 프로젝트의 규모를 키워가면서 연관 활동을 반복적으로 진행한다면 학생들은 티나실리그가 말하는 '발명주기'를 경험할 수 있을 것입니다. 그리고 21세기가 요구하는 핵심역량 4C(Creativity, Communication, Collaboration, Critical Thinking)를 키울 수 있습니다.

우리는 모두 자신만의 삶의 여정에 대한 이야기를 갖고 있습니다. 지난 삶의 경험은 새로운 경험에 대응하는 방식에 영향을 줍니다. 그런 의미에서 교사는 학생들이 스스로 자신의 진로, 궁극적으로는 미래를 준비할 수 있도록 경험을 디자인하고 안내할 수 있어야 합니다. 이 책에 소개한 저의 수업 경험이 학생들의 안내자가 되고자 하는 많은 선생님에게 조금이라도 도움이 되기를 바랍니다.

문미경_ 곡란중학교

게임 활용 수업에 대한
부정적 시선과 제약을 극복하고!

요즈음 '게임 리터러시'를 활용해 교실에서 다양한 게임 기법을 적용한 수업을 하거나 연수를 할 때마다 격세지감을 느낍니다. 교실 수업, 특히 초등학교 교실 수업에는 보드게임 기법이 많이 숨어 있기에, 그 출처를 밝힘과 동시에 수업을 더 즐겁고 유익하게 할 수 있도록 돕고자 보드게임 활용 수업 연수와 강의를 진행하는데, 때때로 '게임'이란 단어 때문에 현장에서 많은 제약을 받았습니다. 일부 관리자들의 '교사가 편하고자 학생들에게 게임 활동을 시킨다'는 생각에서 비롯된 것이었습니다. 하지만 게임을 적용해 수업을 설계하고 수업시간에 학생 활동을 중재하여 학습 목표를 달성한다는 것은 결코 쉬운 일이 아닙니다. 교과서나 지도서를 따라가는 수업이 아니기에, 교사의 노력이 더 많이 필요합니다. 그래서 이 책에 쓴 내용이 게임 리터러시 수업을 시도하거나 또이미 하고 있는 선생님들에게 조금이나마 도움이 되기를 바랍니다.

아울러 학생 스스로 주인공이 되어 문제 상황을 고민하고 선택하는 게임 활동은 학생들에게 몰입감을 높여줍니다. 몰입을 통해 즐거움과 카타르시스를 경험합니다. 그에 따른 성취도 때로는 놀라울 정도입니다. 몰입은 그 자체로 충분한 보상이라고 할 수 있습니다. 이를 통해 무엇보다도 학생들이 즐겁게 공부하고 행복한 학교생활을 할 수 있기를 바랍니다.　　　　김무광_ 해운초등학교

의미와 재미가 공존하는
배움의 여정, 게이미피케이션

"교사는 학생에게 배움의 의미를 설명하면 된다. 그러면 학생은 배움의 의미를 깨닫고 자연스레 학습에 몰입하게 된다. 따라서 재미를 통해 학생을 몰입시키려는 접근은 이해할 수 없다."

이런 주장을 담은 글을 우연히 접했습니다. 최근 몇 년간 읽은 교육 관련 글 중 가장 큰 충격을 준 글입니다. 제가 이제껏 만나온 그 어떤 석학도 "나는 살아오면서 공부의 의미를 언제나 깨닫고 있었고, 그러한 이해를 통해 공부에 몰입해왔다"라고 말하는 이는 없었습니다. 그러니, 초중등 학생 중 배움의 근원적 의미를

알고 학교에 다니는 아이가 얼마나 될까요?

　인간은 자신이 행하는 일의 의미와 가치를 정확히 모르는 경우가 많습니다. 의미와 가치를 전달하는 게 그렇게 쉽고 단순한 일이고, 그 결과 변화와 몰입을 유도할 수 있다면 지금처럼 동기 부여와 관련된 연구와 시도가 지속적으로 증가하지는 않았을 것입니다. 구글에 등록된 문서를 기준으로 1800년부터 2008년까지 발간된 서적에서 'love'라는 단어가 등장하는 빈도수는 감소 또는 유지되고 있으나, 'motivation'의 빈도수는 꾸준히 증가하고 있습니다.

　교수자는 학습자를 몰입시킬 수 있는 다양한 방법과 매체를 연구하고 활용해야 합니다. '게임의 재미 요소를 학습에 활용해서 학습자를 몰입시키는 방법'인 게이미피케이션은 그러한 몰입을 끌어내는 꽤 효과적인 방법들 가운데 하나입니다. 의미와 더불어 재미가 있는 배움의 여정을 학습자에게 선물해주시면 좋겠습니다.

김상균_ 강원대학교

2 Part
교실에서 어떻게 플레이하고 있을까?
교실의 영웅들

Part 1의 1장~4장은 김상균, **Part 2**는 1장 김무광, 2장 최은주, 3장 조기성, 4장 김기정,
5장 문미경이 각각 집필했습니다.

1
Part

가르치지 말고
플레이하라

교실 게이미피케이션

1. 평화롭게 보이는 우리 마을

우리 교실,
괜찮나요?

+

우리의 배움은 행복할까요?

제가 좋아하는 미술 작품 중 프랑스 화가 폴 고갱이 1897년부터 1898년
까지 그린 그림이 있습니다. 〈우리는 어디서 왔고, 우리는 무엇이며, 우
리는 어디로 가는가〉입니다. 인간 존재의 근원, 인생의 의미에 관한 탐
구를 담은 작품입니다.

폴 고갱, 1897~1898년 작, 미국 보스턴미술관 소장

폴 고갱이 삶의 가장 힘든 시기에 완성한 대작에 담은 화두와 같이, 인간은 삶에서 하는 모든 행동, 삶에 존재하는 모든 단계에 관해 이유와 의미를 찾고자 합니다. 이유와 의미 찾기의 범위를 이 책의 주제인 교육과 학습으로 좁히면, 저는 이런 의문이 듭니다.

"우리는 왜 배우고, 왜 가르칠까요?"

다음의 전개가 유일한 정답은 아니지만, 이유와 의미를 이런 단계로 짚어볼 수 있습니다. 세상의 이치를 깨닫고 세상에 도움이 되는 사람이 되기 위해 우리는 배우거나 가르칩니다. 경제 구성원으로서 자신의 존재를 유지하기 위해 세상에 도움이 되는 사람이 되고자 합니다. 인간다운 삶을 영위하기 위해 경제 구성원이 되고자 합니다. 그렇다면 인간다운 삶은 무엇일까요? 저는 이에 관한 답으로 행복한 삶, 나와 주변인들이 함께 행복한 삶이라고 말하고 싶습니다. 요컨대, 인간다운 행복을 누리기 위해 우리는 배우고, 가르칩니다.

인간의 행복 & 우리의 배움

한국방정환재단과 연세대 연구팀이 6,946명의 청소년을 대상으로 행복 수준을 조사한 자료가 있습니다. 자료를 보면 우리 아이들의 행복 수준은 OECD 평균인 100점보다 많이 낮은 74점, 22위를 기록했습니다.

정치인들이 간혹 한국 청소년의 자살률이 1위라는 발언을 하는 경우가 있습니다. 우리 아이들이 사회, 가정, 학교에서 힘든 삶을 살고 있음

청소년의 행복 수준

순위	국가명	주관적 행복도
1	스페인	117.7
2	네덜란드	114.7
3	그리스	111.7
4	이탈리아	107.4
5	대한민국(동아리 활동 학생)	107.0
6	스위스	106.0
7	오스트리아	105.6
8	미국	105.4
9	스웨덴	104.9
⋮	⋮	⋮
	OECD 평균	100.0
⋮	⋮	⋮
22	대한민국(일반)	74.0

출처: 한국방정환재단

을 주장하기 위해 그런 말을 하지만, 실상은 그렇지 않습니다. OECD 평균보다 40% 정도가 높으나 1위는 아닙니다. 그렇다고 이 상황이 썩 괜찮다는 의미는 아닙니다. 성인을 포함한 인구 10만 명당 자살률을 보면 우리 사회의 심각성이 여실히 나타납니다.

우리나라 인구의 전체 자살률은 2005년부터 2017년까지 OECD 국가 중 1위를 기록했습니다. 2018년부터 리투아니아가 통계 대상에 포함되면서 2위가 된 상태입니다. 이런 자료를 보면, 우리 아이들과 어른들 모두 그리 행복한 삶을 살고 있지는 못하다는 생각이 듭니다.

자살에 의한 사망률

(단위: 명, 인구 10만 명당 인원, 2015년 기준)

25.8

11.6
OECD 평균

2.1

한국
(최고)

터키
(최소)

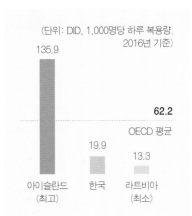

항우울제 소비량

(단위: DID, 1,000명당 하루 복용량, 2016년 기준)

135.9

62.2
OECD 평균

19.9

13.3

아이슬란드
(최고)

한국

라트비아
(최소)

출처 : OECD · 보건복지부

사회 일각에서는 사회적 편견에 기인한 상대적으로 낮은 항우울제 소비량을 그 이유 중 하나로 거론하며, 이런 문제를 빠르게 해결하기 위해 항우울제 소비량을 늘려야 한다고 말합니다. 그러나 저는 이런 주장에 관해 회의적입니다. 통증이 있으니 진통제를 복용하면 당장 효과가 나타나겠으나, 궁극의 해결책은 아닙니다. 통증의 원인을 찾고 해결하는 노력이 더 중요합니다.

삶의 다른 부분을 차치하고, 배움의 과정을 놓고 볼 때 저는 통증의 원인을 이렇게 생각합니다. 학습 과정의 지루함을 참고 고난을 버텨야 하는 상황, 즉 인내심이 학습 과정의 핵심 덕목이 된 상황이 우리에게 통증을 유발한다고 생각합니다. 공부가 주 일과인 우리 아이들, 평생학습 시대를 살아가는 성인들, 이들 모두에게 배움은 행복보다 통증에 가깝습니다.

지금의 배움, 어떻게 바뀌어야 할까요?

배움의 길

학생으로서 이제까지 우리는 어떻게 배워 왔을까요? 교사로서 선생님께 서는 어떤 방법으로 아이들을 가르치시나요? 교육 콘텐츠를 교사가 소 화해서, 소화한 결과를 학생이 먹기 좋게 전달하는 것이 교사의 역할이 었고, 그것을 잘 받아먹는 게 학생의 역할이었습니다. 이런 상황에서 저 는 교육 콘텐츠, 교사, 학생 간의 기존 관계를 대략 아래 그림의 왼쪽 도 식과 같이 생각합니다.

이런 방법에는 행복의 관점에서 몇 가지 문제점이 있습니다.

첫째, 학생이 교육 콘텐츠를 직접 찾아보는 탐험 과정, 선택하는 자율 성이 없습니다.

둘째, 학생 간 상호 작용이 부족합니다. 한 반에 20~25명의 학생이 있지만, 학생들이 서로 어울려서 학습하는 과정이 매우 부족하며, 특히

교육의 AS-IS(현재 모습)와 TO-BE(지향점) 모델

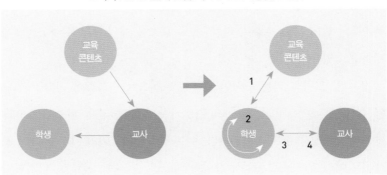

상대방을 서로에게 배울 수 있는 동료보다는 등수를 놓고 다투는 경쟁자로 인식하는 경우가 많습니다. 또한 이런 과정에서 학생들은 높은 등수를 성취감의 대상으로 보게 되는데, 매우 높은 등수를 얻은 학생들만 성취감을 느끼는 상황이 발생합니다.

셋째, 교사와의 소통이 단방향에 가깝습니다. 교사에게 자신의 의견을 말하고 질문하기보다는, 듣기만 하는 청자에 가까운 것이 교실 안 학생의 모습입니다.

이를 요약하면 우리 아이들의 배움은 이렇습니다. 탐험, 소통, 성취, 자율, 동료 요소가 부족한 상황입니다. 아이들이 게임에서 재미를 느끼고 좋아하는 이유는 그 속에서 세 가지를 경험하기 때문입니다. 새로운 무언가를 찾는 탐험, 다양한 이들과 수평적으로 편하게 얘기하는 소통, 내가 끊임없이 성장하고 있다는 성취가 게임에 담겨 있습니다. 게임은 아이들에게 미션(퀘스트)을 줍니다. 강제적 미션도 있으나, 그보다는 여러 미션 중 아이들이 자신의 취향과 능력을 고려하여 수행 순서, 수행 여부를 자율적으로 선택하는 미션이 많습니다. 그리고 친구들과 동료가 되어서 수행하는 미션이 많습니다. 즉, 지금까지 우리 아이들의 배움에서 부족했던 탐험, 소통, 성취, 자율, 동료 요소를 게임은 우리 아이들에게 채워주고 있습니다.

저는 앞 그림의 왼쪽 도식이 오른쪽 도식으로 변화해야 한다고 생각합니다. 오른쪽 도식에는 네 개의 경로가 있습니다. 첫째, 학생들에게 탐험심과 자율성을 주는 경로입니다. 이는 도식에서 1번입니다. 온라인 공간에는 여러 유·무료 동영상 강의, 팟캐스트, 전자책, 블로그, 위키피디

아 등 헤아릴 수 없이 다양한 자료, 지식의 보고가 있습니다. 교사가 이 것들을 모두 파악하기는 불가능합니다. 물론, 제한된 시간과 조건에서 교사는 학생보다 더 효율적으로 이것들을 탐색합니다. 그러나 단기적 효율성만 따져서 학생 스스로 이런 자료와 지식을 탐험하고, 자율적으로 선택하는 경험을 배움의 과정에서 배제해서는 안 됩니다. 평생학습의 시대에 언제까지나 교사가 학생 곁에 머물 수는 없으며, 언제까지나 교사가 학생보다 더 뛰어날 수도 없기 때문입니다.

둘째, 학생들에게 소통을 통해 성취감, 동료 의식을 주는 경로입니다. 이는 도식에서 2번입니다. 다양한 지식을 습득했다고 해서 혼자 살아가지는 못합니다. 귀찮거나 불편한 경우도 있지만, 우리 아이들은 2번 경로와 같이 친구들과 협업해야 합니다. 교실에서 학생들은 등수를 놓고 싸우는 경쟁자가 아닌 '지(知)와 사랑'을 이루기 위한 배움의 동반자가 되어야 합니다. 그 과정에서 함께 앞으로 나아가고 있다는 성취감을 느껴야 합니다.

셋째, 그럼 교사는 학생에게 무엇을 줘야 할까요? 온라인 공간에서 얻기 어려운 지식, 지식의 전체 구조를 알려줘야 합니다. 그리고 이보다 더 중요한 요소는 교사의 피드백입니다. 습득한 지식을 바탕으로 학생이 만들어낸 결과물, 학생이 표현한 생각에 관해 피드백하고 배움의 여정이 멈추지 않게 동기를 부여하는 역할을 교사가 해야 합니다. 이 경로가 3번입니다.

마지막 4번 경로는 무엇일까요? 학생의 고민, 질문을 듣는 것입니다. 교사가 말하고 학생은 듣기만 하는 구조를 벗어나야 합니다. 교사는 지금보다 훨씬 더 적게 말하고, 훨씬 더 많이 들어야 합니다. 이 역할이 4번 경로입니다. 게이미피케이션을 교육에 접목하는 목적은 이런 1~4번 경로를 만들고 강화하기 위해서입니다.

파잔 & 갇혀버린 사고

파잔(Phajaan)은 코끼리를 길들이는 잔혹한 학대 행위를 뜻합니다. 태어난 지 2~3년 이내의 아기 코끼리를 좁은 울타리에 가두고 학대하는 방식입니다. 코끼리의 야생성을 제거해서 사람의 말에 순종하게 만드는 방식인데, 이 과정에서 50% 정도의 아기 코끼리가 사망합니다.

제가 초등학교부터 대학교까지 경험해온 교육의 대부분은 파잔과 크게 다르지 않았습니다. 학창 시절에 저는 암기과목을 좋아하지 않았습니다. 특히 연대기를 외워야 하는 역사 과목이 몹시 싫었습니다. 역사 수업시간에 선생님께 역사를 배워야 하는 이유를 여러 번 물었습니다. 역사를 배우는 이유를 정확히 알면, 암기 과정의 스트레스가 낮아질 듯해서였습니다. 그러나 제게 돌아온 건 선생님의 매질이었습니다. 외우라고 하면 그냥 외우면 되지 쓸데없는 질문을 반복한다며 따귀를 때리셨습니다.

저에게 역사 수업은 역사의 상황을 이해하고 스스로 생각하는 능력을 키우는 과정이 아니라, 방대한 연대기를 머릿속에 욱여넣고 객관식 문제의 보기에 맞추어 머릿속 정보를 단순 인출하는 훈련일 뿐이었습니다. 모든 교과목, 모든 배움의 과정이 이렇게 된다면 우리의 생각하는 능력, 비판하는 능력, 창조하는 능력은 퇴화합니다.

"왜 꼭 플레이어야 하는가?"

저는 게이미피케이션만이 파잔 같은 우리의 배움을 깨우기 위한 유일한 방법이라 생각하지는 않습니다. 다만, 제가 아는 방법 중 꽤 효과가 있는 방법이기에 게이미피케이션이 우리의 배움 속 깊이 들어오기를 희망합니다.

Q&A 게임 활용 수업은 미래지향적 교육일까?

Q 주변에 게임을 수업에 활용하는 선생님이 있기는 하지만, 그렇게 많은 수는 아닌 듯합니다. 수업에 게임을 활용하는 접근이 정말 미래지향적인 교육의 흐름과 맞을까요?

A 세계적인 인력개발협회인 ATD에서는 매년 7대 교육 기술을 선정해서 발표하고 있습니다. 7대 교육 기술에는 우리가 익히 알고 있는 이러닝, 저작 도구, VR/AR이 포함되어 있으며, 그중 하나가 교육 게임 & 게이미피케이션입니다. 싱가포르에는 교육청의 지원으로 교육 게임을 개발하는 대형 개발사가 있고, 미국 일부 주에서는 주정부가 교육 게임을 일괄 구매하여 보급하기도 합니다. 이렇듯 교육 현장에 게임을 적용하는 접근, 게이미피케이션은 교육의 세계적인 변화 방향입니다.

2. 여정의 시작

게이미피케이션이란?

게임, 그거 나쁜 거 아닌가요?

교육에 게임을 적용하자는 경우, 가장 많이 나오는 반대 의견은 이렇습니다.

"게임, 그거 나쁜 거 아닌가요?"

우리 사회는 게임을 안 좋게 바라보는 시선이 많습니다. 게임은 지나치게 폭력적이고 선정적인 내용이 많다. 게임은 사행심을 조장한다. 게임을 하려면 현금 결제를 많이 해야 한다. 게임 때문에 우리 아이들이 건전한 여가활동과 공부하는 시간을 뺏긴다. 게임은 가치 없는 반복 플레이에 중독되게 만든다. 이런 비판을 합니다. 게임을 연구하는 학자의 입장에서 이런 비판에 관해 여러 가지 의견을 내고 싶으나, 이에 앞서 다음의 세 가지 사례를 살펴보겠습니다.

〈리니지2〉의 바츠해방전쟁 장면

바츠해방전쟁

게임회사인 엔씨소프트가 서비스했던 〈리니지2〉라는 MMORPG (Massively Multiplayer Online Role-Playing Game, 대규모 다중 사용자 온라인 롤플레잉 게임)에서 발생했던 사건이 있습니다. 이런 대규모 게임은 보통 여러 개의 서버로 운영됩니다. 게임 사용자가 워낙 많다 보니 여러 개의 서버에서 동일한 게임을 운영하는 방식입니다.

　〈리니지2〉에는 '바츠'라는 이름의 서버가 있었습니다. 게임 내에는 길드(guild)라는 사용자 모임이 있습니다. 게임을 함께 즐기기 위해 모인 사람들의 집단이라고 보면 됩니다. 하나의 게임, 하나의 서버 내에는 여러 개의 길드가 있는데, 〈리니지2〉의 바츠 서버에는 '드래곤나이츠 혈맹'이라는 길드가 있었습니다. 이들은 바츠 서버를 장악하고 영지의 세율을 10%에서 15%로 인상했습니다. 영지에서 발생하는 경제적 이익은 영지를 소유한 길드에게 돌아가는 구조에서, 이러한 급격한 세율 인상은 바츠 서버에서 게임을 즐기던 다른 사용자들에게 엄청난 부담이 되었습니다. 결국 2004년부터 총 4년에 걸쳐 바츠 서버를 장악한 드래곤나이츠 혈맹과 이들에 맞서는 바츠연합군 사이에서 전쟁이 발발했습니다. 연인원 20만 명이 이 전쟁에 참여했으며, 바츠연합군의 승리로 전쟁은 끝났습니다.

이 전쟁 과정에서 바츠 서버가 아닌 다른 서버에서 게임을 즐기던 사용자들까지 바츠 서버로 넘어와서 드래곤나이츠 혈맹의 압제에 대항했다는 점이 매우 특이합니다. 현실이 아닌 게임 속 상황, 내 서버가 아닌 남의 서버에서 발생하는 압제에 굳이 나서서 이렇게까지 대항한 이유가 무엇일까요?

힌트 공성전

제가 담당하는 교과목에서 있었던 사례를 소개합니다. 그 과목에는

SP를 가져가는 경우

다음의 경우에 1SP를 개인 또는 팀에게 지급	
교수 또는 조교의 질문에 대답한 학생(정/오답 상관 없음)	수업시간 팀의 대화/퀘스트를 주도하기 위해 노력한 학생
교수 또는 조교에게 질문한 학생	팀 활동을 위한 사전 준비를 잘해온 학생/팀
유데미의 게이미피케이션 과정 수료증을 카톡방에 제출한 학생	팀 활동을 클리어한 팀
기타 교수가 인정하는 경우	

250명의 학생이 참여했고, 게임과 같은 포인트 제도를 운용했습니다. SP(special points)와 XP(experience points)가 있었으며, 학생들은 왼쪽의 표와 같은 행동을 했을 때 SP를 가져갔습니다.

학생들은 SP를 모아서 마법 카드(수업에서 활용할 수 있는 혜택, 권한이 적힌 카드)나 간식을 구매할 수 있었습니다. SP 관리는 '클래스123' 앱을 이용했습니다. 학생이 SP를 획득한 경우, 조교가 바로 '클래스123'을 통해 입력하여 학생은 자신의 SP를 실시간으로 확인할 수 있는 구조였습니다. 마법 카드 구매를 원하면 조교에게 얘기하면 되고, 보유한 마법 카드는 본인이 원할 때 교수나 조교에게 제시하고 사용하면 되는 규칙이었습니다. 수업에서 제공했던 마법 카드는 다음과 같습니다.

수업에서 사용한 마법 카드의 종류와 수량

마법 카드 명칭	판매 수량	내용	필요한 SP
구원자	10	본인 팀 & 본인이 지목한 팀의 팀원 10명의 XP를 1씩 증가	30
힐러	20	본인 팀의 팀원 5명의 XP를 1씩 증가	20
타임 스톱	20	시험 볼 때 본인의 교재 & 노트를 1분간 열람	15
절대 힌트	20	시험 볼 때 문제 하나를 지목하면, 교수가 힌트를 두 단어 제공	15
오답 탐지기	20	시험 볼 때 두 개의 보기를 지목하면, 정답이 아닌 하나를 알려줌	15
용병 소환	20	조교를 팀 과제에 30분 소환해서 도움을 받음	15

이 수업에서 학생들은 수업 중 여러 미션을 수행하거나, 과제 또는 시

마법 카드의 실제 모습

험을 통해 XP를 획득했으며, 학기말이 되면 각자가 확보한 XP에 따라
학점을 받는 규칙이었습니다.

XP에 따른 학점 구성

포인트	등급	학점
190 이상	Legend	A+
170~189	Titan	
150~169	Champion	A
130~149	Master	B+
110~129	Crystal	B
90~109	Gold	C+
70~89	Silver	C
50~69	Bronze	D+
30~49	Steel	D
0~29	Stone	F

교실 게이미피케이션

저는 학기말 시험을 위해 객관식 문제 60개를 만들었습니다. 그리고 학기말 시험을 진행하기 전에 학생들이 가진 SP를 사용해서 시험 문제에 대한 힌트를 가져가는 이벤트를 준비했습니다. 다음 그림과 같이 8×8, 총 64칸의 힌트판을 만들었고, 모든 칸을 덮개로 가렸습니다. 원하는 학생은 앞으로 나와 5포인트를 지출하고, 64칸 중 하나를 선택해서 열어보는 방식으로 힌트를 판매했습니다. 예를 들어 10포인트가 있다면, 2칸까지 열어보는 식입니다.

당시 학생들이 개인적으로 가진 잔여 SP는 매우 낮은 수치이거나 전혀 남지 않는 학생들도 많았습니다. 저는 남은 SP가 있는 일부 학생들이

8×8 크기의 힌트판

	1	2	3	4	5	6	7	8
A	구글 트렌드	Final Fantasy	Bartle의 게이머 유형	위조 화폐	동의하지 않은 게임	꽝	지식/ 경험, 스킬, 운	규칙의 정당성
B	비계	불안	꽝	전자 채찍	Sight System	폴드잇	직접 경쟁	응용미술 저작물
C	Pine & Gilmore	타깃	책임 회피	외재적 동기	데이케어 센터	정치가& 훼방꾼	북촌 맹사성	Speed Camera Lottery
D	세계지도	꽝	경험 경제학	통제	기억 강화	친구 추구형	행동 경제학	꽝
E	새는 바가지	Grush	정연두	메이플라 이 운명 의 신	카르마	4F 프로세스	IBM 왓슨 연구소	제인 맥고니걸
F	꽝	게임 밸런싱	가민음	Lepper et al. (1973)	꽝	공감	꽝	휴식의 감정
G	꽝	빈병 수거	파퓰러스	리더 보드	Solomon Asch	전율	네트워크 형	평가 기준
H	암시장	인플레이 션	페이블	꽝	단절	중독	꽝	INSTANT

학생들이 자발적으로 만든 카카오톡 대화방

앞으로 나와서 힌트 두세 개를 열어보는 정도로 이벤트가 끝나리라 예측하고 이 이벤트를 기획했습니다.

그런데 실제 결과는 저의 예측과 매우 달랐습니다. 학생들 중 누군가 카카오톡 단체 대화방을 개설하고는 남은 SP가 있는 학생들을 모았습니다. 그들은 각자가 가진 SP를 모았고, 그 SP로 힌트를 차례대로 열어보기 시작했습니다.

그렇게 1번부터 64번까지 전체 힌트를 모두 모아, 단체 대화방에 참여하지 못했던 학우를 포함한 250명의 모든 학우에게 힌트를 공개했습니다. 제 수업에 참여했던 학생들은 이 이벤트를 '힌트 공성전'이라고 부릅니다. 학생들은 어떤 생각으로 SP를 모았을까요? 학생들은 왜 힌트 공성전에 참여하지 않은 다른 학우들과도 모든 힌트를 공유했을까요?

교실 게이미피케이션

〈아이온〉 게임 장면

〈아이온〉, 타인을 돕는 80%

MMORPG인 〈아이온〉에서 관찰된 현상을 소개합니다[1]. MMORPG에서 사용자는 낮은 레벨부터 높은 레벨까지 성장하는 경험을 합니다. 그 과정에서 오랜 시간 적잖은 비용을 쓰고 노력을 기울여야 합니다. 연구팀은 〈아이온〉에서 레벨이 높은 사용자가 레벨이 낮은 사용자를 돕는지를 관찰했습니다. 그런 후 도움을 받았던 저레벨 사용자가 시간이 지나 고레벨 사용자가 되었을 때 어떤 행동을 하는가를 관찰한 결과, 매우 신기한 현상을 발견했습니다. 자신이 저레벨이었을 때 고레벨 사용자로부터 도움을 받았던 사용자 중 80%가 자신이 고레벨이 되었을 때 저레벨 사용자를 적극적으로 도왔습니다. 고레벨 사용자로부터 도움을 받았다고 해서

---

1) 『MMO에서 휴머니티를 발견하다』 고려대 김휘강 교수의 연구팀

자신이 나중에 저레벨 사용자를 꼭 도와야 한다는 계약이 형성된 것도 아닌데, 왜 80%나 되는 사용자가 그렇게 행동했을까요?

게임, 선인가 악인가?

저는 모든 게임, 모든 게임적 요소를 선 또는 악 중 하나로 분류하는 접근은 잘못되었다고 생각합니다. 앞서 열거한 게임에 대한 비판으로부터 일부 게임은 결코 자유롭지 못합니다. 반대로 '바츠해방전쟁', '힌트 공성전', 〈아이온〉의 사례와 같이 게임 속 상황, 게임적 요소가 우리에게 긍정적 영향을 주는 경우도 많습니다. 그리고 하나의 게임 속에 부정적 요소와 긍정적 요소가 함께 담겨 있는 경우도 흔합니다.

Q&A 우리 아이가 게임을 덜 하게 하려면?

Q 학생들이 게임을 안 하게 또는 지금보다 적게 하도록 지도해달라는 학부모의 요청이 있습니다. 어떻게 하면 좋을까요?

A 그 요청의 본질이 무엇일까요? 학생들이 게임 대신 무엇을 했으면 하는 바람일까요? 게임 대신 공부를 더 했으면 하는 바람이 담겨 있는 요청입니다. 그런데 우리 아이들이 게임을 안 한다고 공부를 더 할까요? 게임은 우리 아이들이 선택할 수 있는 거의 유일한 휴식, 놀이, 소통 방법입니다. 게임 대신 운동이나 독서를 하라고요? 운동을 혼자서 하나요? 운동할 공간이나 시간은 있나요? 그리고 독서를 휴식과 놀이로 아이들에게 권하는 어른들은 정말 자신도 독서를 휴식과 놀이로 즐기고 있나요? 결국 이 문제는 아이들이 공부 이외에 적당한 휴식, 놀이, 소통이 필요하다는 것에 관한 이해, 그리고 그 방법이 게임 말고 무엇이 가능할까에 관한 고민이 선행되어야 풀릴 문제입니다. 스마트폰을 뺏거나 PC방에 못 가게 감시한다고 해결될 문제가 아닙니다. "게임이 문제니까 게임을 안 하게 해야 한다"라는 생각을 하지 마시고, "무엇이 문제여서 아이가 게임만 하고 있을까?"를 생각해야 합니다. 아이들이 지나치게 오래 게임을 하지 않도록 지도하시되, 게임 이외의 적절한 휴식, 놀이, 소통 방법을 찾아서 아이들과 함께 즐겨보시면 좋겠습니다.

게이미피케이션은 게임의 긍정적 요소를 활용해서 교육에 긍정적 변화를 주려는 접근, 방법론입니다. '게임에는 부정적인 요소가 있는데, 그런 것들을 교육에 접목하려는 시도는 매우 위험하다'라고 생각하는 분이 주변에 있다면 확실하게 말씀해주시기 바랍니다.

게이미피케이션은 게임의 모든 요소를 교육에 담으려는 접근이 아니라, 게임이 가진 긍정적 요소만 모아서 교육에 일부 접목하려는 방법입니다.

게이미피케이션과 GBL, 레크리에이션은 서로 다른 건가요?

게이미피케이션과 GBL

저는 게이미피케이션과 GBL(Game-Based Learning), 이 둘을 굳이 구분할 필요가 없다고 생각하지만, 꾸준히 듣는 질문이기는 합니다. 간단히 정의하면 다음과 같습니다.

- 게이미피케이션: 기존의 전체 학습 과정을 대부분 유지하면서, 게임적 요소를 더하는 접근
- GBL: 학습자가 게임을 플레이하면서 무언가를 배우는 접근

임진왜란을 학생들에게 교육한다고 가정합시다. 발표를 잘하는 경

우, 조사를 꼼꼼하게 해오는 경우, 친구들에게 의견을 내는 경우 등을 교사가 관찰하여 해당 학생에게 포인트를 부여하고, 그 결과를 리더 보드(Leader Board)[2]에 공개하는 방식은 게이미피케이션입니다. 임진왜란을 배경으로 만든 PC게임이나 보드게임을 플레이하고, 이를 통해 역사적 사실을 파악하게 했다면 이는 GBL입니다. 여기서 GBL에 사용되는 게임 콘텐츠를 기능성 게임(Serious Game)[3]이라고 부릅니다.

이렇게 구분해도 막상 교육 환경에서 다양한 게임적 요소를 적용하다 보면, 그게 게이미피케이션인지 GBL인지 구분이 모호한 경우가 많습니다. 학술적 연구를 위한 목적이 아니라면, 이 둘을 굳이 구분할 필요는 없습니다. 이 책에서는 게이미피케이션과 GBL을 구분하지 않고, 게이미피케이션으로 지칭하겠습니다.

게이미피케이션, 레크리에이션, 아이스브레이킹

이야기를 더 풀어가기 전에 교육 게이미피케이션과 레크리에이션, 아이스브레이킹의 관계를 한번 짚어보겠습니다. 게이미피케이션 연수를 진행하는 프로그램이 조금씩 나타나고 있습니다. 그런 프로그램이 오픈되면 제가 참여하는 게 아니어도 정말 반갑습니다. 그래서 어떤 프로그램을 진행하는지 꼼꼼히 보게 됩니다. 그러다 보면 우려가 되는 경우가 적

2) 게임에 참가하는 플레이어들의 우열을 보여주는 상황판을 의미한다. 점수판(scoreboard)과 같은 의미이다.
3) 모든 기능성 게임이 GBL 목적으로 쓰이지는 않는다. 기능성 게임은 GBL 이외에 마케팅, 홍보 등의 목적으로도 많이 제작, 활용된다.

잖습니다. 각종 레크리에이션, 아이스브레이킹 기법을 배우는 과정인데, 명칭을 '교육 게이미피케이션'이라고 달아놓은 경우가 종종 보입니다. 레크리에이션, 아이스브레이킹 기법은 학생들의 마음을 열어주고, 에너지를 높여주는 데 효과적입니다. 그러나 레크리에이션, 아이스브레이킹 기법은 교육 게이미피케이션과 지향점에서 큰 차이가 있습니다.

- 레크리에이션: 힘든 교육 과정 중 학생들에게 잠시 휴식, 즐거움을 주기 위한 목적
- 아이스브레이킹: 학생이 낯선 교육 환경, 새로운 교육 주제, 처음 보는 교사, 다른 학우들에 대한 두려움을 풀어주고 마음의 벽을 낮추게 하는 목적
- 교육 게이미피케이션: 교육 내용, 과정에 학생들이 재미를 느껴서 몰입하게 하는 목적

30명의 학생들이 3인씩 한 팀, 총 열 개 팀으로 나눠서 강당에 모여 온라인 소프트웨어, 여러 가지 물리적 도구를 활용하여 '방 탈출 게임'을 즐깁니다. 방 탈출은 여러 단계로 구성되어 있으며, 단계별로 제시된 단서를 통해 퍼즐을 풀어 해제 코드를 찾아야 합니다. 플레이어들은 단계별로 재미있는 새로운 퍼즐을 경험합니다. 이 과정에서 특별한 학습 관련 지식이 쓰이지는 않습니다. 30명의 학생들은 웃고, 떠들고, 공간을 돌아다니며 서로 어울립니다. 소요 시간은 45분입니다. 이런 콘텐츠는 레크리에이션, 아이스브레이킹, 교육 게이미피케이션 중 어디에 해당할까

요? 저는 레크리에이션 80%, 아이스브레이킹 20%, 교육 게이미피케이션 0%라고 생각합니다. 교육 게이미피케이션이 0%여서 나쁘다는 의미는 아닙니다. 다만 앞서 설명한 대로 레크리에이션, 아이스브레이킹, 교육 게이미피케이션은 서로 다른 목적을 갖고 있기에 레크리에이션이나 아이스브레이킹 활동을 하면서 교육 게이미피케이션 활동이라고 얘기하는 건 좋지 않습니다. 만약 이런 프로그램에 학생들의 협력, 갈등을 유도하는 여러 규칙이 포함되어 있고, 플레이 중 발생했던 다양한 협력과 갈등의 상황에 대해 프로그램 종료 후 이론적으로 배우고 서로 깊이 있게 토론한다면, 이는 교육 게이미피케이션이라 할 수 있습니다.

재차 말씀드리지만, 저는 레크리에이션, 아이스브레이킹, 교육 게이미피케이션 중 무엇이 더 우위에 있거나, 더 중요하다고 생각하지는 않습니다. 다만, 이들은 서로 다른 지향점을 가진 활동이어서, 그 지향점을 고려하여 용어를 사용해야 각 분야가 본질의 목적에 맞게 발전할 수 있습니다.

수업 참여도, 몰입도, 재미

'게이미피케이션, 정말 효과가 있나요? 어떤 효과가 있나요?'
이런 질문을 교사들로부터 자주 받습니다. 두 가지 목적으로 이런 질문에 관한 답을 얻고자 하십니다. 첫째, 학교 내 의사결정권자와 학부모들을 설득하기 위한 근거가 필요해서입니다. 둘째, 새로운 교육 기법이 정말 괜찮은 것인지 스스로 살펴보기 위해서입니다. 이와 관련된 연구 논문 몇 편을 소개합니다.

- 게이미피케이션 콘텐츠가 과학 수업에 미치는 영향

  박성진, 김상균, 아리프라흐마툴라, 하민수, 윤희숙. 2018. 『현장과학교육』 12(1).

이 연구는 초등학생 170명, 중학생 111명을 대상으로 게이미피케이션이 적용된 과학 학습 콘텐츠의 학습 효과성을 분석했습니다. 실험 진행을 위해 실험집단과 비교집단을 설정했으며, 초등학교 실험집단과 비교집단은 각각 85명, 중학교 실험집단과 비교집단은 각각 55명과 56명으로 구성했습니다. 4주, 8차시로 수업을 구성했으며, 실험집단에서는 게이미피케이션을 적용한 학습 콘텐츠로 수업을 진행했고, 비교집단에서는 전통적인 강의, 과제 중심 방법으로 수업을 진행했습니다.

실험 결과, 초등과 중등 실험집단 학생들의 내재동기, 학습동기, 수업방법 인식이 비교집단보다 통계적으로 유의미하게 높았습니다. 또한 이런 효과는 초중등 학교급, 성별에 관계없이 고르게 나타났습니다.

- 이러닝 환경에서 게이미피케이션의 영향력에 관한 실증적 연구

  Amriani, A., Aji, A. F., Utomo, A. Y., & Junus, K. M. (2013, October). *An empirical study of gamification impact on e-Learning environment.* In Proceedings of 2013 3rd International Conference on Computer Science and Network Technology.

이 연구는 게이미피케이션을 적용한 이러닝 시스템이 학생의 능동적 학습 활동에 도움이 되는가를 분석했습니다. 연구에서는 게이미피케이션을 적용한 이러닝 플랫폼을 구축하여, 38명의 고등학생을 대상으로 효과성을 검증했습니다. 게이미피케이션이 적용되지 않았던 학습 환경에 게이미피케이션을 적용한 경우, 게이미피케이션이 적용되었던 이러닝 플랫폼에서 게이미피케이션 요소를 제거한 경우, 이렇게 두 가지 방법으로 연구를 진행했습니다.

실험 결과에 따르면, 게이미피케이션은 면학 분위기 조성에 도움이 되었고, 학생과 교사 간 소통을 촉진했습니다. 반면, 게이미피케이션을 적용한 이러닝 플랫폼에서 게이미피케이션을 제거한 경우 학생의 학습 성과가 큰 폭으로 감소했습니다.

- 게임화된 읽기 평가에 대한 학생들의 인식

  Reed, D. K., Martin, E., Hazeltine, E., & McMurray, B. (2019). *Students' Perceptions of a Gamified Reading Assessment.* Journal of Special Education Technology.

이 연구는 읽기에 어려움을 호소하는 6~8학년(미국 기준), 202명을 대상으로 진행된 실험입니다. 포커스 그룹 인터뷰(FGI), 시험 점수 등을 분석한 결과를 보면, 게이미피케이션 적용 후 학생의 몰입도, 도전 의식, 학습 동기 등이 향상되었습니다.

- 평가에서의 게이미피케이션: 게임포인트가 시험 수행에 영향을 미치는가

  Attali, Y., & Arieli-Attali, M. (2015). *Gamification in assessment: Do points affect test performance?*. Computers & Education, 83.

게임의 포인트 요소를 적용한 테스트 방법의 효과성을 분석한 연구입니다. 아마존닷컴에서 모집된 1,218명의 참가자, 미국 뉴저지 중학교 6~8학년, 693명을 대상으로 실험을 진행했습니다.

실험 결과에 따르면, 게임 포인트 보상이 적용된 콘텐츠는 학습자의 문제 해결 정확도(문제를 얼마나 정확하게 푸는가)에는 영향을 미치지 않았으나, 응답 속도(문제를 얼마나 빨리 푸는가)에는 긍정적인 영향을 주었습니다. 또한 문제 해결 과정에 관한 학생들의 만족도를 향상시켰습니다.

- 학습 동기와 성과를 향상시키기 위한 모바일 기반 게이미피케이션 학습 시스템

  Su, C. H., & Cheng, C. H. (2015). A mobile gamification *Learning system for improving the learning motivation and achievements*. Journal of Computer Assisted Learning, 31(3).

이 연구는 학생들에게 모바일 기반 게이미피케이션 학습 시스템 (Mobile Gamification Learning System)을 제공하고 그 효과성을 분석했습니다. 연구 대상은 10~11세의 학생 34명이었습니다.

실험 결과에 따르면, 게이미피케이션을 적용한 학습 방법은 전통적인

학습 방법보다 학습 성과, 동기 부여 수준을 높였습니다. 또한 ARCS 모델과 연관분석을 한 결과를 보면, 주의(attention), 관련성(relevance), 자신감(confidence), 만족감(satisfaction) 중에서 주의 요인이 다른 세 가지 요인보다 게이미피케이션 요소와 높은 상관계수를 보였습니다.

- 방과후 학습에서 고등학생들의 디지털 배지에 대한 인식 조사

  Davis, K., & Klein, E. (2015, April). *Investigating high school students' perceptions of digital badges in afterschool learning.* In Proceedings of the 33rd Annual ACM Conference on Human Factors in Computing Systems.

이 연구는 방과후 과학 교육 프로그램에서 디지털 배지가 학생에게 어떤 영향을 주는가를 분석했습니다. 연구 진행을 위해 디지털 배지를 설계하고, 10명의 고등학생을 대상으로 포커스 그룹 인터뷰를 실시했습니다. 실험 결과, 디지털 배지는 학생의 동기 부여 수준을 높였고, 학생 각자에게 맞는 개별화된 학습 경험을 형성시켜주는 효과가 있었습니다.

학습의 양 vs 깊이

교육 현장에 게이미피케이션을 도입할 경우 수업 진도를 충분히 나가기 어렵다는 고민을 하는 교사들이 많습니다. 이런 고민 중 일부는 타당하고, 일부는 그렇지 않습니다.

한 차시 동안 주입식 강의를 할 경우 보통 몇 장의 슬라이드를 소화하시나요? 제가 학생으로서 경험한 강의에서는 적게는 10장, 많으면 50장 가까이 진도를 나갔습니다. 그런데 게이미피케이션을 적용하면 그 진도의 1/2 이상 나가기가 힘듭니다. 학생들이 직접 참여해서 무언가를 경험하고 소통하는 과정이 있기 때문입니다. 그러다 보니 수업 진도가 느리다는 걱정이 드는 게 당연합니다. 바로 이 부분에서 '일부는 타당하다'고 할 수 있습니다.

그러나 몇 장의 슬라이드를 넘기냐보다 몇 장의 슬라이드가 학생의 기억에 남겨지고, 장기적 학습 동기에 영향을 주는지가 훨씬 더 중요합니다. 인간의 망각은 지식의 종류, 가르치는 방법, 기억에 대한 측정 방법 등 매우 다양한 변수에 영향을 받기 때문에 배운 내용을 우리가 얼마나 기억하고 있을지를 정확하게 얘기하기는 어렵습니다. 다만 여러 연구를 종합해보면 성인들은 주입식 학습 내용의 10~20% 정도를 기억하고 있습니다. 50장의 슬라이드를 힘들게 공부했는데, 5~10장만 남는다는 뜻입니다. 게이미피케이션을 통해 우리는 학생들이 50장이 아닌 20~30장을 재미있게 학습해서, 10~20장을 기억하며, 학습 동기를 오래 유지하게 도울 수 있습니다. 이 부분에서 수업 진도가 느리다는 걱정은 '일부는 그렇지 않다'입니다. 진도를 적게 나가지만 더 효율적인 접근이기 때문입니다.

사전 준비 시간과 시큰둥한 학생

게이미피케이션을 시작할 때 교사들이 걱정하는 요소가 몇 가지 있습니다. 그 부분을 차례대로 짚어보겠습니다. 첫째, 수업을 위한 사전 준비에 더 큰 노력이 필요합니다. 주입식 강의, 토론식 강의, PBL, 플립러닝, 게이미피케이션, 이들 중 제 경험상으로는 뒤로 갈수록 교사가 사전에 준비할 부분이 많았습니다. 관찰자 입장에서는 학생들끼리 뭔가 상호 작용이 많고, 교사는 뒷전에서 지켜보는 듯해서 반대로 생각하는 경우가 있지만, 교사가 게이미피케이션 콘텐츠를 기획하고 개발하거나, 관련 도구를 준비하는 과정에 적잖은 시간이 걸립니다. 그러나 매번 그런 준비가 필요하지는 않습니다. 자신의 교육 주제, 환경에 맞게 콘텐츠를 조금씩 늘려가다 보면 준비에 걸리는 시간은 점점 줄어듭니다.

둘째, 게이미피케이션 콘텐츠에 시큰둥한 반응을 보이는 학생이 일부 있을 수 있습니다. 대략 다음과 같은 상황을 경험하면 교사는 고민에 빠집니다. 전체 학생이 25명 정도인데, 그중 1~2명의 반응이 영 시원치 않습니다. 훼방을 놓지는 않지만, 플레이에 소극적이고 표정이 밝지 않습니다. 그럴 때 저는 이런 질문을 해봅니다.

"기존 수업에서는 25명 학생 중에 몇 명 정도가 높은 집중도를 보였나요?"

대부분의 경우 이 질문에 답을 잘 못 하십니다. 중학교 수학 시간 중

학생들의 3%만 수업에 집중한다는 언론 보도를 본 적이 있습니다. 이 보도가 맞다면, 한 반 25명의 학생 중 1명만 수학 수업에 집중한다는 뜻입니다. 그 어떤 방법도 모든 학생의 몸과 마음을 교실에 붙들어 두기는 어렵습니다.

강의식 수업과 게이미피케이션 접근법, 어느 쪽이 더 많은 이들을 교실에 머물게 하는지를 냉정하게 판단해보시기 바랍니다. 그렇다고 강의식 수업을 다 버리고 게이미피케이션만 하라는 뜻은 절대 아닙니다. 게이미피케이션은 다양한 교육 기법의 하나일 뿐입니다. 교육 환경, 학생의 특성을 고려해서 여러 교육 기법과 적절하게 섞어서 사용하시면 좋겠습니다.

3. 마주친 시련

게이미피케이션,
무엇을 조심해야 할까요?

또 메모리 게임인가요?

게임을 구성하는 가장 기본적이고 중요한 요소는 규칙입니다. 교실에서 사용하는 게임 중에서 어떤 방식이 가장 빈번하게 등장할까요? 이에 관해 정확한 통계가 있지는 않으나, 제 경험으로는 메모리 게임과 〈부루마블〉식 보드판을 활용한 카드 모으기 게임이었습니다.

메모리 게임은 대략 이런 식입니다. 대한민국은 태극기, 미국은 성조기, 이런 식으로 나라 이름과 국기 모양을 연결해서 암기하려고 합니다. 나라 이름이 적힌 타일을 30개, 국기가 그려진 타일을 30개 준비합니다. 나라 이름 타일을 섞은 후 나라 이름이 보이지 않게 왼편에 펼쳐둡니다. 국기 타일을 섞은 후 국기 그림이 보이지 않게 오른편에 펼쳐둡니다. 그런 후 플레이어들이 차례대로 돌아가며 나라 타일과 국기 타일을 각각 하나씩 뒤집어서 서로 연결되는 경우 그 타일을 가져가고, 최종적으로 가장 많은 타일을 모은 플레이어가 우승하는 규칙입니다.

메모리 게임은 비교적 단순한 구조의 선언적 지식을 암기하는 데 주로 사용됩니다. 그리고 우리가 학교에서 학습하는 지식의 상당 부분은 아직 그런 지식입니다. 그러다 보니 다양한 교과목용 메모리 게임이 개발되어 시중에 유통되고 있습니다. 메모리 게임을 학습에 적용할 때는 다음의 두 가지 점을 유념해주시면 좋겠습니다.

첫째, 앞서 말한 대로 매우 다양한 교과목에서 메모리 게임이 쓰이고, 학생들은 빈번하게 이를 접하게 됩니다. 이런 상황은 학생들에게 썩 재미있지 않습니다. 드라마를 시청하는데, 지난번에 본 드라마와 등장인물만 바뀌고 내용은 그대로라면 그 드라마에 흥미를 느끼기는 어려운 것과 같습니다.

둘째, 메모리 게임을 플레이하는 목적이 교육 주제에 흥미를 느끼도록 유도하는 정도까지라면 괜찮습니다. 그러나 메모리 게임을 통해 암기가 잘 되리라 기대하기는 어렵습니다. 메모리 게임을 플레이하는 과정에서 학습자는 서로 연결되는 카드 짝의 내용과 위치를 동시에 기억해야 합니다. 이러한 상황은 내용에만 집중하는 데 비해 효율이 낮아질 수밖에 없습니다.

다음으로 〈부루마블〉식 보드판을 활용한 카드 모으기 게임을 살펴보겠습니다. 정확한 통계인지는 모르겠으나, 우리나라에서 가장 많이 판매된 보드게임은 〈부루마블〉이라고 합니다. 저도 그렇다고 생각합니다. 교사들을 대상으로 어떤 보드게임을 해봤냐고 물었을 때 압도적으로 많이 나오는 답변이 바로 〈부루마블〉입니다.

그래서인지 수업에서 사용되는 게이미피케이션 콘텐츠 가운데 가장 흔하게 보이는 형태가 〈부루마블〉의 규칙을 변형한 게임입니다. 시중에는 〈부루마블〉 규칙에 억지로 교육 주제를 담아낸 콘텐츠가 적잖습니다. 〈부루마블〉 형태의 게임은 랜덤으로 미션 혹은 문제를 제시하거나, 무언가를 모으게 하는 데 적합합니다. 〈부루마블〉 규칙만으로 다양한 교육 주제를 담아내기는 불가능합니다. 여러분이 새로운 게이미피케이션 콘텐츠를 마주했는데, 규칙이나 형식이 〈부루마블〉과 유사하다면 일단은 경계하시기 바랍니다. 그 콘텐츠가 꼭 나쁘지는 않으나, 좋지 않을 확률이 꽤 높기 때문입니다.

규칙 설명은 5분 이내에

학교에서 게이미피케이션 콘텐츠는 보통 설명(briefing), 준비(setting), 플레잉(playing), 디브리핑(debriefing)의 순서로 진행됩니다. 설명은 게이미피케이션 콘텐츠의 목적, 주의 사항, 규칙을 설명하는 단계입니다. 준비는 자리 배치를 조정하고 교구를 분배하는 단계입니다. 플레잉은 학생들이 콘텐츠를 경험하는 단계이고, 디브리핑은 플레이한 경험을 성찰하는 단계입니다.

만약 50분 수업을 게이미피케이션 콘텐츠로 진행한다면 시간 배분을 어떻게 해야 할까요? 설명 5분, 준비 5분, 플레잉 20분, 디브리핑 15분, 기타 5분 정도가 최적입니다. 이 구조에서 가장 큰 걸림돌은 설명을 5분

이내에 해야 한다는 점입니다. 게이미피케이션 콘텐츠는 아니지만, 이해를 돕기 위해 윷놀이를 생각해봅시다. 여러분 앞에 윷놀이를 해본 적이 없는 25명의 학생이 앉아있습니다. 그들에게 당신 혼자 5분 이내에 윷놀이의 규칙을 설명해야 합니다. 그리고 한 모둠을 5명으로 묶어서, 총 5개 모둠에서 게임이 진행되면, 당신 혼자 5개 모둠이 제대로 규칙을 이해하고 게임을 진행하는지 챙겨야 합니다. 이 작업이 쉬울까요? 어떻게 할지 머릿속에 계획이 잘 잡히십니까? 혹시 큰소리로 '그렇다'고 외치신 분이 있다고 해도, 막상 실제로 해보면 몹시 어려운 작업입니다.

그러면 어떻게 해야 할까요? 규칙이 최대한 쉬워야 합니다. 또한 필요한 도구를 최소화해야 합니다. 규칙이 쉬우면 학생에게 의미있는 경험을 주기 어렵다고 걱정할 수 있으나, 잘 만들어진 콘텐츠일수록 이해하기 쉽고 단순한 규칙을 통해 학생들로부터 의미 깊은 경험과 성찰을 끌어냅니다.

규칙 설명에 삼사십 분이 걸리는 콘텐츠는 가급적 피해야 합니다. 물론 한 차시가 아니라 한 주나 한 학기 등, 긴 호흡으로 진행되는 게이미피케이션 콘텐츠라면 상황은 달라집니다. 처음 한 차시를 설명에 투자하고, 학생들이 그 내용을 잘 이해했는지 확인해도 좋습니다. 두 번째 차시에는 플레이에 필요한 도구를 학생들과 함께 만들어도 좋습니다. 저는 수업에서 마법 카드를 만들어 사용하고 있습니다. 학생이 긍정적 행동을 했을 때 이에 대한 피드백으로 포인트를 나눠주고, 포인트를 모아온 학생에게 마법 카드를 교환해주는 규칙입니다. 수업에서 사용하는 가상 화폐를 포인트라고 생각하시면 됩니다. 마법 카드를 가진 학생은 본인이 원할 때

마법 카드를 제시하고, 마법 카드에 적힌 권한을 행사하면 됩니다. 예를 들어 학생이 다음과 같은 행동을 했을 때 포인트를 나눠줍니다.

- 좋은 질문을 했을 때
- 답변을 열심히 했을 때
- 발표를 잘했을 때
- 미니 게임에서 좋은 성과를 냈을 때
- 다른 학생을 능동적으로 도왔을 때
- 자리 배치, 정리 등을 도왔을 때

이 경우, 어떤 마법 카드를 만들어서 판매하는가가 꽤 중요합니다. 학생들이 원하지 않는 내용, 교육적이지 않는 내용, 교사가 실제로 해줄 수 없는 내용이 적혀있다면 좋은 마법 카드가 아닙니다. 그래서 저는 마법 카드 제작에 학생들의 의견을 반영하고자 노력합니다. "두 번째 차시에는 플레이에 필요한 도구를 학생들과 함께 만들어도 좋습니다"라고 한 것은 바로 이런 작업을 포함할 수 있기 때문입니다. 다음 그림은 제가 사용하는 '블랭크 마법 카드'의 앞, 뒤 모습입니다. 이런 마법 카드의 내용을 수업 전 또는 중간 정도에 학생들과 함께 만들면 수업을 재미있게 이끄는 데 도움이 됩

블랭크 마법 카드

니다. 또한 교육 과정에서 학생이 원하는 게 무엇인지, 그들에게 결핍된 욕구가 무엇인지 파악하는 데 도움이 됩니다.

보상의 역습

과정당화 효과

가게 앞에 아이들이 와서 흙장난을 하며 놀고 있습니다. 가게 앞은 아이들 목소리로 시끄럽고, 가게 문과 유리창은 아이들이 튀긴 흙으로 지저분해집니다. 가게 주인은 아이들에게 다른 곳으로 가라고 하지만, 아이들은 말을 듣지 않고 며칠째 가게 앞으로 놀러옵니다. 가게 주인은 며칠 뒤 사탕을 들고 나가서, 가게 앞 아이들에게 나눠줍니다. 오늘부터는 가게 앞에서 흙장난을 할 때마다 사탕을 준다고 합니다. 아이들은 아주 좋아합니다. 그렇게 일주일 정도 매일 아이들에게 사탕을 나눠줍니다. 일주일이 지난 뒤부터 가게 주인은 아이들에게 더 이상 사탕을 나눠주지 않습니다. 아이들은 가게 안으로 들어와 주인에게 사탕을 달라고 조르지만, 주인은 앞으로는 사탕을 안 준다고 단호하게 말합니다. 아이들은 이제 그 가게 앞으로 놀러오지 않습니다. 사탕을 주지 않으니, 그 가게 앞에서 놀 이유가 없다고 생각합니다.

이 이야기는 사람이 가진 내재적 동기(흥미, 재미 등)가 외재적 동기(물질적, 가시적 보상 등)에 의해 망가진 상황을 잘 보여주고 있습니다. 이와 같은 현상을 '과정당화 효과(Overjustification Effect)'라고 부릅니다. 과정당화 효과가 발생하면, 사람은 원래 갖고 있던 내재적 동기를 잊고 외재적 동기에 의해 움직이게 됩니다. 내재적 동기의 대상이었던 것이 외재적 동기로 이동한 셈입니다. 앞의 이야기를 놓고 보면, 재미있던 가게 앞 흙장난이 사탕을 얻기 위한 노동으로 바뀐 상황입니다. 한번 약화된 내재적 동기는 쉽게 회복되지 않습니다. 또한 외재적 동기는 시간이 흐름에 따라 점점 그 규모가 커져야 효과가 유지되는 경향이 있습니다.

과정당화 효과를 예방하기 위해 두 가지를 기억해주시기 바랍니다.

- 앞서 말씀드린 마법 카드와 같이 화폐 가치로 쉽게 치환되지 않는, 권한에 가까운 보상을 주세요.
- 보상의 초점은 콘텐츠를 경험하는 과정에서 느끼는 다양한 재미와 학습에 담긴 의미여야 합니다. 콘텐츠의 경험 과정을 마무리하고, 가볍게 축하해주는 정도로 제한되어야 합니다.

실패한 보상 & 기대 이론

이런 말씀을 드리는 저도 보상 설계에서 늘 성공하지는 못했습니다. 제 실패 경험을 말씀드려보겠습니다. 제가 게이미피케이션을 수업에 적용한 초기에 많이 사용한 보상은 주로 물질적인 선물이었습니다. 제가 집필한 다음 학기 수업 교재를 두어 권 준비하고, 거기에 제 서명을 해줬습니다. 캔 음료나 막대사탕과 같은 가벼운 간식과 필기도구를 안 가져오는 학생이 많아서, 얇은 노트와 볼펜도 준비했습니다. 그런데 이 모든 선물들에 관해 학생들의 만족도는 생각보다 높지 않았습니다. 교재의 경우 이런 문제가 있었습니다. 한 클래스의 학생이 30~40명인데, 책 한 권에 2~3만 원은 되다 보니 여러 권을 준비하기는 부담스러웠습니다. 그래서 두어 권만 준비하니 보상을 받는 학생보다 못 받는 학생이 압도적으로 많았습니다. 이는 올림픽과 같은 상황을 만듭니다. 시상대에 오른 3명에게는 환호가 터지지만, 시상대 밖의 많은 학생들에게는 자칫 상실감을 줄 수 있습니다.

캔 음료, 막대사탕, 학용품은 꽤 많은 학생들에게 돌아가는 보상이었는데, 몇 가지 문제가 관찰되었습니다. 첫째, 보상품의 화폐 가치를 학생들이 쉽게 알 수 있는 상황에서 보상품의 단가가 너무 낮다는 점이었습니다. 준비하는 제 입장에서는 한 번에 몇 만 원 이상의 지출이 필요했으나, 그 보상을 받는 학생들 각자에게는 그다지 값어치 있는 보상은 아니었습니다. 둘째, 학생들은 얇은 노트나 필기도구를 썩 좋아하지 않았습니다. 나중에 알고 보니 학과 사무실로 노트 앞뒤에 광고가 붙은 무료 노트가 많이 들어오는데, 학생들이 쳐다보지도 않는 상황이었습니다. 즉, 학생들은 자신의 취향에 맞게 직접 선택한 학용품이 아니면 그다지 만족하지 않았습니다. 셋째, 보상품에 특별한 의미가 담겨있다고 인식하지 않았습니다. 앞서 언급한 다음 학기 수업 교재, 제가 집필한 책의 경우는 집필자인 제가 직접 서명을 해서 전달해준다는 의미가 있었으나, 캔 음료, 사탕, 학용품에는 그런 의미가 담겨있지 않았습니다.

이런 실패를 이론적으로 되짚어보면, 동기 부여 이론 중 과정 이론 (Process Theory)의 기대 이론과 관련되어 있습니다. 기대 이론은 구성원들에게 동기를 부여하려면, 본인의 임무를 수행하면 원하는 보상을 얻게 된다는 기대감을 심어줘야 한다는 이론입니다. 본인이 부여된 임무를 완수할 능력을 갖고 있고, 완수하면 보상이 주어지며, 보상이 본인에게 가치가 있다고 느낄 때 동기 부여가 된다는 뜻입니다. 이것을 다음의 공식으로 표현할 수 있습니다.

동기부여 = 기대감 x 수단성 x 유의성

- 기대감(Expectancy): 본인에게 부여된 임무를 완수할 수 있다는 자신감. 믿음입니다. 부여받은 임무의 특성과 본인이 가진 지식, 경험 등의 수준을 기준으로 판단하게 됩니다.
- 수단성(Instrumentality): 임무를 완수하면 본인이 보상을 받는다는 믿음입니다.
- 유의성(Valence): 받는 보상이 본인에게 가치가 있다는 믿음입니다.

기대감, 수단성, 유의성 중에서 학생들이 가진 기대감, 수단성 면에서는 문제가 없었습니다. 제 사례에서는 유의성 부분에서 문제가 있었습니다. 그런데 유의성에서 언급한 보상의 가치가 반드시 물질적, 경제적 가치는 아니어도 됩니다. 왼쪽 사진은 제가 수업에서 사용했던 배지 현황판의 모습입니다.

강의실 복도에 설치한 배지 현황판

저는 학생들이 조별 과제를 잘했을 때, 발표를 잘했을 때, 협력이 잘 되었을 때 제 연구실 앞 게시판의 수업 현황판에 배지를 붙여줬습니다. 저는 이런 배지가 저렴하면서 특별한 의미가 담겨있지 않은 물건보다는 더 효과적이었다고 생각합니다.

게임에서도 무한 경쟁을?

게임과 놀이의 차이가 무엇일까요? 게임은 놀이와 비슷한 개념으로 사용되지만 분명한 차이가 있습니다. 게임은 놀이보다 명확한 규칙이 있고, 목적이 뚜렷합니다. 따라서 승리 조건, 종료 조건 등이 분명합니다.

그런데 이중 승리 조건에 관해 우리가 오해하기 쉬운 면이 있습니다. 교육 게임, 게이미피케이션 콘텐츠를 설계할 때 승리 조건을 다음과 같이 만드는 경우가 많습니다. 첫째, 수업에 참여하는 학생들 간에 치열한 경쟁 상황을 만듭니다. 둘째, 모든 콘텐츠에서 승자와 패자를 명확하게 나눕니다. 학생들 간에 치열하게 경쟁하고, 승자와 패자를 나누는 방식이 교실 게이미피케이션 콘텐츠의 일반적 모습이 되는 건 좋지 않습니다. 치열하게 경쟁하여 승자와 패자를 나누는 규칙은 학습 분위기를 금세 뜨겁게 달군다는 장점이 있으나, 게임에서 패한 학생에게 자칫 과도한 상실감을 줄 우려가 있습니다. 또한 이런 요소가 지나칠 경우 학생들 간의 협력과 소통에 방해가 될 여지가 있습니다.

그럼 무엇으로 학생들 간의 치열한 경쟁, 승패를 대체할 수 있을까요? 게임을 통해 얻는 재미를 정리한 모델로 PLEX(Playful User Experience)가 있습니다. PLEX는 인간이 게임을 통해 느끼는 재미와 관련된 경험을 다음과 같이 20개로 나누고 있습니다. 매혹, 도전, 경쟁, 완성, 통제, 발견, 에로티시즘, 탐험, 자기표현, 판타지, 동료의식, 양육, 휴식, 가학, 감각, 시뮬레이션, 전복, 고난, 공감, 전율이 그것입니다. 즉, 경쟁은 우리가 게임에서 경험하는 여러 재미 중 하나일 뿐입니다. 학생들이 서로 협력해서 요정이나 동물을 키우는 재미는 양육에 해당하며, 서로의 감정을 파악하고 이해하는 재미는 공감에 해당합니다. 경쟁을 할 경우에도 한 반의 학생들끼리 서로 경쟁하기보다는 다른 반의 포인트, 선배들이 달성한 포인트, 교사가 제시한 목표 포인트를 놓고 경쟁하는 방법도 가능합니다.

즉, 게이미피케이션 콘텐츠에 같은 반 친구들끼리의 살벌하고 긴장감 높은 경쟁만을 담지는 마시기 바랍니다. 플레이 그룹을 다른 반, 다른 학년, 선배들로, 플레이를 통해 얻는 재미를 경쟁뿐만이 아닌 PLEX의 20개로 확대해보시기 바랍니다.

Q&A 교육 게임이 잘 운영되지 않을 때는?

Q 교육 게임을 운영해보면 생각대로 안 되는 경우가 있는데, 어떻게 하면 좋을까요?

A 선생님과 학생 모두 교육 게임에 경험이 적은 상태라면 플레이가 원활하지 않을 수 있습니다. 학생들을 대상으로 진행한 교육 게임에서 뭔가 어색한 부분이 있어도 너무 실망하지 마시고, 한 번 더 그리고 한 번 더 진행해보시면 좋겠습니다. 그러다 보면 설명으로 전하기 어려운 운영 노하우를 선생님께서 스스로 깨닫고, 교육 게임을 부드럽게 진행하실 수 있습니다. 그리고 학생들을 대상으로 플레이를 진행하기 전에 교사들이 모여서 교사, 학생 역을 나눠 맡아서 교육 게임을 미리 플레이해보시면 좋겠습니다. 자신이 맡은 역에서 느낀 점을 서로 나누면 운영 노하우를 습득하는 데 크게 도움이 됩니다.

4. 무기고를 열자

게이미피케이션,
어떤 콘텐츠가 있나요?

보드게임

이번 장에서는 제가 개발한 보드게임 형태의 게이미피케이션 콘텐츠를
일부 소개해보겠습니다.

버디버드

〈버디버드(Buddy Bird)〉는 DISC 행동유형 검사를 게이미피케이션으
로 구현한 보드게임입니다. 사람들은 각자의 동기 요인에 따라 행동
하며 살아가고, 그러한 행동이 반복되며 특징화되어, 특정 상황에서
자신만의 행동을 하게 되는데, 이러한 특성을 행동 유형이라고 합니
다. 주도형(Dominance), 사교형(Influence), 안정형(Steadiness), 신중형
(Conscientiousness) 총 4가지 유형으로 분류되고 있으며, 각 유형의 영문
첫 글자를 따서 DISC 행동유형 검사라 칭합니다.

이 게임의 목표는 다음과 같습니다.

- 학생들 각자가 자신의 행동 유형을 파악합니다.
- 내가 생각하는 나의 유형과 친구가 생각하는 나의 유형을 비교합니다.
- 내가 생각하는 친구의 유형과 친구 스스로가 생각하는 본인의 유형을 비교합니다.
- 각 유형의 장단점을 파악합니다.

〈버디버드〉의 컴포넌트는 가림막, 버디버드 카드, 깃털 카드, 질문 카드, 활동 결과지 등으로 구성되어 있습니다.

〈버디버드〉 구성

플레이 과정에서 학생들은 다양한 상황에서 나와 친구들이 각각 어떤 결정을 내리고 행동할지를 결정해서 기록해갑니다. 이 과정에서 친구들의 선택을 추측하고 염탐하는 등의 게임 활동을 하며 재미를 느낍니다.

게임을 종료하면, 본인이 최종적으로 판단한 본인의 유형은 무엇이고, 왜 그렇게 생각했는가를 돌아봅니다. 또한 다른 친구들은 나를 어떤 유형으로 판단했고, 그렇게 판단한 이유가 무엇인지 살펴봅니다. 이러한 플레이 과정을 통해 스스로 바라보는 나의 모습과 타인이 바라보는 나의 모습 간에 어떤 차이가 있는가를 이해하고, 다른 유형이 가지고 있는 장단점을 서로 깨닫게 됩니다.

무인도 생존일지

이 콘텐츠는 모둠 구성을 위한 보드게임입니다. 게임 방식은 다음과 같습니다.

〈무인도 생존일지〉 구성

- 각자가 가진 전략적 선택 유형을 파악합니다.
- 서로 다른 전략적 특성을 가진 학생들을 하나의 모둠으로 편성합니다.
- 편성된 모둠 내에서 토론을 유도해서 학생들이 서로를 이해하고, 하나의 팀으로 성장하게 만듭니다.

〈무인도 생존일지〉는 규칙이 매우 단순하고, 콘텐츠 한 세트로 동시에 30명이 플레이할 수 있으며, 다양한 토론을 유도한다는 장점이 있습니다.

메이플라이 인생 카드

〈메이플라이 인생 카드〉 구성

이 콘텐츠는 인생의 가치관을 다룬 보드게임입니다. 게임의 목표는 다음과 같습니다.

- 학생들 각자가 자신의 삶에서 무엇이 중요한가를 돌아보게 합니다.
- 다른 친구들이 어떤 가치관을 가지고 살아가는지 탐색하게 합니다.
- 삶에서 가치관이 가지는 중요성을 생각해보게 합니다.

〈메이플라이(Mayfly) 인생 카드〉는 한 세트로 15명이 플레이할 수 있으며, 세트 수를 늘리면 동시에 100명 이상도 플레이할 수 있습니다. 학생 상담, 진로 지도 등의 과정에서 사용하기에 적합합니다.

교실 게이미피케이션

토크 카드

〈토크 카드(Talk Card)〉는 학생들의 꿈과
진로를 다룬 보드게임입니다. 이 게임의
목표는 다음과 같습니다.

- 자신의 과거, 현재, 미래를 놓고 자
  신의 꿈을 생각해보게 합니다.

〈토크 카드〉 컴포넌트 구성

- 자신이 원하는 것, 두려워하는 것, 잘하는 것 등을 돌아보게 합니다.
- 꿈과 진로에 관한 다른 친구들의 의견을 경청하게 합니다.

〈토크 카드〉는 한 세트로 5명이 플레이할 수 있으며, 평소에 학생들이
말하기 부끄러워하는 꿈과 진로에 관해 서로 솔직하게 대화할 수 있게
유도합니다. 특히, 질문 카드를 교사와 학생이 논의해서 첨삭하면 새로
운 토론을 유도할 수 있습니다.

디스커션 토큰

〈디스커션 토큰(Discussion
Token)〉은 개인과 모둠에 존재
하는 토론의 패턴을 파악하고,
패턴 속에 존재하는 장점과 단
점을 파악하여 피드백하는 목
적으로 개발되었습니다. 이를

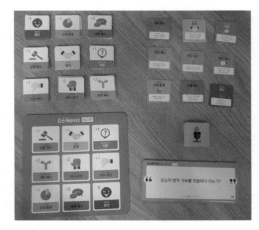

〈디스커션 토큰〉 구성

통해 토론자 간의 의견 교류를 활성화하고, 건전하며 발전적인 토론을 유도하는 게임입니다. 한 모둠을 4~6명으로 구성해서 토론을 진행할 수 있습니다. 진행 도구는 사진과 같이 디스커션 토큰, 발언용 토큰, 투표용 토큰, 주제 카드, 빙고판으로 구성됩니다.

Q&A 일반 게임을 교육적으로 활용하려면?

Q 교육용으로 제작된 게임, 콘텐츠보다는 아이들이 평소에 즐기는 일반 게임을 가지고 수업을 진행할 수는 없을까요?

A 일반 상용 게임도 디브리핑을 잘 준비하면, 교육 목적에 맞게 활용할 수 있습니다. 예를 들어 게임을 플레이한 후에 다음과 같은 질문을 학생들에게 제시해서 토론을 진행하거나, 자료를 찾고 자기 생각을 정리하도록 유도하면 좋습니다.

전략과 논리에 관한 이야기
- 어떤 아이템, 자원이 이 게임에서 가장 중요한가?
- 이 게임에서 무슨 전략을 어떤 이유로 선택했는가?
- 이 게임에서 A자원을 안 쓰고 플레이하면, 어떤 전략이 좋을까?

게임 속 상황에 관한 이야기
- 이 게임 속 상황과 비슷한 현실의 상황은 무엇이 있을까?
- 이 게임 속 적군은 어떤 이유로 우리의 적이 되었을까?
- 이 게임 속 적군을 죽이는 우리에게는 어떤 타당한 이유가 있을까?

창의적 발상에 관한 이야기
- 이 게임의 규칙, 아이템, 캐릭터를 어떻게 변형하면 더 재미있을까?
- 이 게임의 시나리오를 더 확장한다면, 어떤 이야기가 가능할까?
- 이 게임의 콘텐츠를 다른 산업, 분야에 접목한다면 무엇이 가능할까?

소프트웨어

브레이크아웃에듀 키트

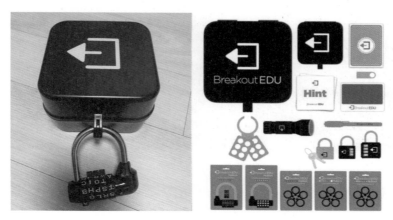

〈브레이크아웃에듀 키트〉에서 제공하는 도구들

〈브레이크아웃에듀 키트(Breakout Edu Kit)〉는 교실 내에서 방 탈출 게임을 구현할 수 있는 도구입니다. 인터넷, GPS, 책, 다양한 문서 등을 종합적으로 활용하여 퀴즈를 구성하고, 이를 학생들이 풀어가면서 방 탈출 게임과 유사한 경험을 하도록 만들어줍니다. 특히, 〈브레이크아웃에듀〉 사이트(breakoutedu.com)에서는 이 도구를 활용한 다양한 교과목용 게임 콘텐츠를 공개하고 있으므로, 게임 설계 시 참고하면 도움이 됩니다.

본 키트를 준비하기가 어렵다면, 시중에서 구하기 쉬운 상자와 다양한 자물쇠 등을 활용해서 유사한 기능을 구현할 수 있습니다.

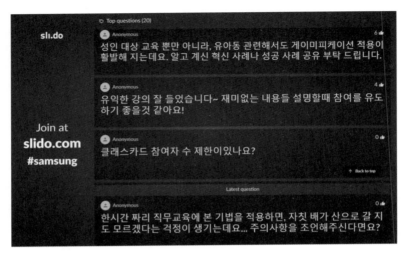

〈슬라이도〉를 활용한 질의응답 예시

슬라이도

게임적 요소를 살짝 가미한 질의응답 플랫폼입니다. 대부분의 기능을 무료로 사용할 수 있습니다. 교사가 사전에 〈슬라이도〉(slido.com)에서 무료 계정을 만들어 교육 명칭, 운영 기간 등의 기본 정보 몇 가지만 입력하면 됩니다. 기능이 인터넷 쇼핑몰보다 단순합니다. 객관식, 주관식 등의 질문에 학생이 답하는 기능도 있으나, 기본적으로 Q&A 기능을 쓰면 됩니다. 이 툴을 통해 앱 설치나 계정없이 학생이 익명으로 질문과 의견을 올릴 수 있습니다. 또한 다른 학생이 올린 질문이나 의견에 공감하면 '좋아요' 버튼을 누르는 기능이 있고, '좋아요'를 많이 받은 질문, 의견이 자동으로 상단에 정렬되어 수업 내용을 정리하기에 효율적입니다. 동시에 1,000명의 학습자까지 접속이 가능합니다.

플릭커즈

수업 중 학생들의 의견을 아날로그적 감성으로 빠르게 수집하는 도구입니다. 사전에 〈플릭커즈〉 사이트(plickers.com)에 접속해서 교사가 다음 세 가지 준비를 하면 됩니다. 첫째, 학생들에게 나눠줄 마커 이미지를 다운로드 받아서 출력해야 합니다. 최대 60명 정도의 학생이 동시에 마커를 사용할 수 있으며, 마커를 통해 각 학생은 네 개의 보기 중 하나를 선택해서 자신의 의견을 표현할 수 있습니다. 둘째, 학생들에

〈플릭커즈〉를 활용한 수업 장면

〈플릭커즈〉 화면

게 물어볼 질문을 객관식으로 구성해서 〈플릭커즈〉 사이트에 올려두면 됩니다. 셋째, 교사는 자신의 스마트폰에 〈플릭커즈〉 앱을 미리 설치해야 합니다. 여기까지 했다면 모든 준비가 끝났습니다.

학생들에게 마커를 나눠줍니다. 〈플릭커즈〉 웹사이트를 교실 화면에 띄워서 문제를 보여준 후, 각 학생에게 마커를 들라고 합니다.

마커를 들고 있는 학생들을 교사가 자신의 스마트폰 〈플릭커즈〉 앱을 통해 카메라로 스캔하면 자동으로 집계가 되어 교실 화면에 나타납니다.

이 프로그램은 학생들을 대상으로 선호도 조사, 미니 퀴즈, 토론 등에

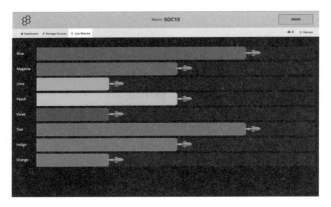

〈소크라티브〉 화면

활용하면 좋습니다. 국내에서 많이 사용하는 프로그램이 아니어서, 제 글만 보고는 어떤 프로그램인지 이해하기 어려울 듯합니다. 하지만 이 프로그램을 사용하시는 선생님들의 만족도가 매우 높은 편이니 꼭 사용해보시기 바랍니다.

소크라티브

〈소크라티브〉(socrative.com)는 퀴즈 중심의 학급 운영, 관리 소프트웨어입니다. 4~5개의 보기 중 하나를 고르는 퀴즈, O/X 퀴즈, 단답형 퀴즈 등을 게임처럼 구성할 수 있습니다. 학습자들이 퀴즈를 푸는 동안 우주에서 레이스를 하는 형태의 리더 보드가 나타납니다. 학생들이 퀴즈 풀이를 끝내면, 선생님이 결과치를 편하게 볼 수 있습니다.

이런 형태의 퀴즈 콘텐츠는 여러 종류가 있습니다. 해외에서 개발된 콘텐츠로는 〈카훗〉(kahoot.com), 〈퀴즈이즈〉(quizizz.com) 등이 있으며,

〈구스체이스〉 관리자 화면

국내에서 개발된 콘텐츠로는 〈클래스카드〉(classcard.net), 〈퀴집〉(quizip. net) 등이 있습니다. 각 콘텐츠를 둘러보신 후 선생님이 원하는 퀴즈 형태에 근접한 프로그램을 선택하시면 됩니다.

구스체이스

〈구스체이스〉(goosechase.com)는 제가 어린 시절 소풍을 갔을 때 했던 '보물찾기' 게임과 흡사합니다. 미국에서는 이런 종류의 게임을 '스캐빈저 헌팅(Scavenger Hunting)'이라고 부릅니다. 우리가 잘 알고 있는 보물찾기와 스캐빈저 헌팅의 방식은 세부적으로는 조금 다릅니다. 보물찾기는 게임 진행자가 사전에 숨겨둔 무언가를 플레이어들이 돌아다니면서 찾는 방식이며, 스캐빈저 헌팅은 게임 진행자가 사전에 무언가를 숨기기보다는 주

변에 존재하는 다양한 사물, 사람들 중에서 게임 진행자가 제시하는 조건에 맞는 것을 찾아내는 게임입니다.

〈구스체이스〉는 스캐빈저 헌팅 게임을 앱으로 구현한 콘텐츠인데, 단답형/장문형 퀴즈, 특정 위치 체

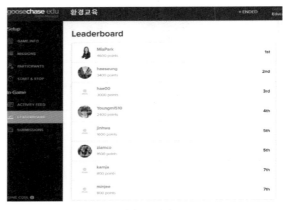

〈구스체이스〉 리더 보드

크인(GPS 기반), 사진/동영상 촬영 등의 미션을 학생들에게 제시할 수 있습니다. 이런 기능을 활용해서 다양한 퀴즈를 학생들에게 제시하거나, 학생들을 특정 공간에 방문하게 만들고, 특정 행동을 취하게 유도할 수 있습니다. 교사는 이런 기능을 활용해 학습 목적에 맞는 다양한 미션을 사전에 만들면 됩니다.

이런 활동들은 학생의 스마트폰에 게임 미션처럼 나타납니다. 학생들은 각자의 전략, 취향에 따라 미션 수행 순서를 선택해서 실행하면 됩니다.

교사가 사전에 설계한 미션을 학생들이 수행하면, 실시간으로 포인트가 올라가고 그 결과가 리더 보드에 반영되는 형식입니다. 이를 잘 활용하면 학생들 간에 적절한 경쟁과 협력을 유도할 수 있습니다.

〈구스체이스〉는 유료 콘텐츠입니다. 해외에는 무료로 운영되는 스캐빈저 헌팅 프로그램들도 여럿 있으니, 다양한 콘텐츠를 미리 살펴보신 후에 콘텐츠 구매 여부를 결정하시면 좋겠습니다.

덱토이즈

〈덱토이즈〉(deck.toys)는 탐험지도 형태로 미션을 구성해서 학생들에게 제시하는 프로그램입니다. 교사가 사전에 미션 지도, 미션 항목을 설계해야합니다. 게이미피케이션 콘텐츠의 시각적 요소가 꼭 게임처럼 보여야 할 필요는 없으나, 이 콘텐츠의 큰 특징 중하나는 앞서 설명한 콘텐츠에 비해 좀더 게임 같은 느낌의 그래픽을 보여주는 것입니다.

〈덱토이즈〉 학생 화면

이 콘텐츠는 매우 다양한 미션 유형을 제공하고 있습니다. 그림 맞추기, 길 찾기, 정답 입력하기, 동료와 단서 합치기 등입니다.

이렇게 교사가 미션을 먼저 설계한 후 콘텐츠를 시작하면, 학생은 스마트폰, 태블릿, 랩톱 등을 통해 게임에 접속합니다.

〈덱토이즈〉 지도 구성

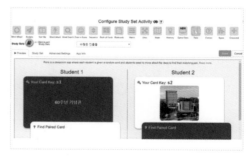

〈덱토이즈〉 미션 구성

빅게임

빅게임(Big Game)은 앞서 설명한 보드게임형 교구, 소프트웨어 및 기타 설치물 등을 종합적으로 활용하여, 교실, 학교, 야외 공간 등 다양한 장소에서 플레이하는 게임을 뜻합니다.

쿨어스

〈쿨어스〉 컴포넌트 일부

1 코인	5 코인	10 코인	20 코인

 탄소배출권

〈쿨어스(Cool Earth)〉는 환경 교육을 위한 교실형 빅게임입니다. 탄소배출권 거래와 저탄소기술을 시뮬레이션하는 형식입니다. 본 게임의 목적은 플레이어들에게 탄소배출권과 관련된 외부 비용(지구 온난화로 인한 위험, 비용), 저탄소기술의 필요성과 준비할 요소들을 생각해보게 하는 것입니다.

필요한 컴포넌트는 화폐, 탄소배출권 카드 12장, 저탄소기술 주사위 3개(A등급 1개, B등급 1개, C등급 1개)입니다. 화폐, 탄소배출권 카드는 다음의 이미지를 필요한 만큼 출력해서 사용하거나, 보드게임 토큰, 장난감 등을 활용합니다.

저탄소기술 주사위는 6면체를 사용합니다. 저탄소기술 A등급 주사위는 0코인, 1코인, 2코인을, B등급 주사위는 3코인, 4코인, 5코인을, C등급 주사위는 6코인, 7코인, 8코인을 각 2면씩 배치합니다. 같은 숫자를 마주 보는 위치에 배치합니다. 마분지로 만들거나 보드게임 주사위에 스티커를 부착해 사용합니다. 탄소배출권 카드는 제품 생산 중 발생하는 이산화탄소를 배출할 권리를 의미합니다. 저탄소기술 주사위는 제품 생산 중 발생하는 이산화탄소를 감소시키는 데 소요되는 비용을 의미합니다.

학생들을 총 6개의 모둠으로 나눕니다. 학생 수는 12명, 18명 또는 24명 정도가 적당합니다. 각 모둠에게 10코인(1코인 10개, 또는 1코인 5개와 5코인 1개)을 초기 자본으로 제공합니다. 교실의 좌석을 다음 그림과 같이 배치합니다. 그림의 예시는 24명이 플레이하는 경우의 배치입니다.

본 게임은 총 6라운드로 진행됩니다. 1라운드에는 1~3모둠에게 탄소배출권 카드를 3장씩, 4~6모둠에게는 탄소배출권 카드를 1장씩 줍니다.

〈쿨어스〉 플레이어를 위한 자리 예시

3분의 시간을 주고, 모둠들이 서로 거래하도록 합니다. 이때, 다음의 규칙을 설명합니다.

모둠들은 코인을 활용해 탄소배출권 카드를 서로 거래할 수 있습니다. 예를 들어 1모둠의 탄소배출권 카드 1장을 4모둠에게 5코인을 받고 팔 수 있습니다. 3분 후에는 교사에게 탄소배출권 카드를 제출해야 합니다. 협상 및 거래 시간으로 주어진 3분이 끝나기 전에는 제출하지 못합니다. 한 모둠이 제출 가능한 탄소배출권 카드는 최대 2장이며, 교사에게 제출하지 않은 탄소배출권 카드는 라운드 종료 후 모두 회수됩니다.

각 모둠은 다음과 같이 코인을 획득합니다.

코인 지급 규칙

각 모둠이 제출한 탄소배출권	교사가 지급하는 코인
2장	20코인
1장	10코인

교사가 코인 지급을 마치면 1라운드가 끝납니다.

2라운드에서는 1~3모둠에게 탄소배출권 카드를 1장씩, 4~6모둠에게 탄소배출권 카드를 3장씩 줍니다. 그 외의 규칙은 1라운드와 동일합니다.

3라운드에서는 1~6모둠에게 탄소배출권 카드를 1장씩 줍니다. 1~3모둠이 저탄소기술 주사위를 하나씩 랜덤으로 뽑게 합니다. 주사위 종류는 공개하되, 각 모둠이 어떤 주사위를 가졌는지는 공개하지 않습니다. 주사위에 적힌 코인 수는 탄소배출권 카드 1개를 대체하는 데 필요한 저탄소기술 비용을 의미합니다. 3분의 시간을 주고, 팀들이 서로 거래하도록 합니다. 다음의 규칙을 설명합니다.

모둠들은 코인을 활용해 탄소배출권을 거래할 수 있습니다. 단, 저탄소기술 주사위는 거래하지 못합니다. 3분 후에는 교사에게 탄소배출권 카드와 저탄소기술 주사위를 제출해야 합니다. 협상 및 거래 시간으로 주어진 3분이 끝나기 전에는 제출하지 못합니다. 한 모둠이 제출 가능한 탄소배출권 카드는 최대 2장이며, 교사에게 제출하지 않은 탄소배출권 카드는 라운드 종료 후 모두 회수됩니다.

저탄소기술 주사위의 코인 개수는 정산할 때 주사위를 굴려서 결정합니다. 예를 들어 1모둠은 탄소배출권 0개, 저탄소기술 주사위 A등급을 제출했고, 주사위를 굴렸더니 1이 나와서, $(10-1) \times 2 = 18$ 코인을 가져갑니다. 3모둠은 탄소배출권 1개, 저탄소기술 주사위 C등급을 제출했고, 주사위를 굴렸더니 8이 나와서, $10+(10-8) = 12$ 코인을 가져갑니다. 4모둠은 주사위가 없어서 탄소배출권 2개만 제출하고, 20코인을 가져갑니다.

각 모둠이 제출한 카드와 주사위		교사가 지급하는 코인
탄소배출권	저탄소기술 주사위	
2장	있거나 없거나 무관	20코인
1장	있을 경우	10코인 + (10코인 – 저탄소기술 주사위를 굴려서 나온 숫자)
	없을 경우	10코인
0장	있을 경우	(10코인 – 저탄소기술 주사위를 굴려서 나온 숫자) x 2

　교사가 코인 지급을 마치면 3라운드가 끝납니다. 4라운드에서는 1~6모둠에게 탄소배출권 카드 1장씩을 줍니다. 4~6모둠이 저탄소기술 주사위를 하나씩 랜덤으로 뽑게 합니다. 그 외의 규칙은 3라운드와 동일하게 진행합니다.

　5라운드에서는 1~6모둠에게 탄소배출권 카드 1장씩을 줍니다. 저탄소기술 주사위 3개는 각각 영국식 경매로 판매하며, 경매 전에 주사위 종류를 공개합니다. 한 모둠은 주사위를 1개만 구매할 수 있습니다. 3분의 시간을 줍니다. 3~4라운드와 같은 방법으로 탄소배출권을 자유롭게 거래한 후, 결과를 진행자에게 제출합니다. 정산 방법은 3~4라운드와 같습니다. 6라운드는 5라운드와 동일한 규칙으로 진행합니다.

　디브리핑 방법은 다음과 같습니다. 이 게임에서는 3~4라운드에 저탄소기술 주사위 A를 배정받은 모둠이 다른 모둠에 비해 우승할 확률이 높습니다. 따라서 게임의 승패는 큰 의미가 없음을 게임 종료 후에 학생들에게 설명해주기 바랍니다. 디브리핑을 진행하기 전에 탄소배출권의 개

요를 학생들에게 설명합니다. 디브리핑은 모둠별 토론으로 진행합니다. 다음의 질문 목록 중 일부를 택하여 각 모둠 내에서 의견을 나누고, 전체 토론을 통해 의견을 모아봅시다.

- 탄소배출권을 각 국가나 기업 간에 거래하도록 허용하는 제도에는 어떤 장단점이 있을까요?
- 탄소배출권을 바탕으로 일어나는 지구온난화를 누가, 언제 책임지게 될까요?
- 저탄소기술을 개발하고 보급하기 위해 누가, 무엇을, 어떻게 해야 할까요?
- 나는 개인적으로 얼마나 많은 탄소배출권을 실생활에서 사용하고 있는 셈일까요?
- 나는 지구온난화 예방을 위해 개인적으로 어떤 노력을 하고 있을까요?
- 게임의 규칙을 어떻게 바꾸면, 탄소배출권 사용을 줄이고, 저탄소기술을 활성화할 수 있을까요?

아그작교실

이 콘텐츠는 EY한영의 후원과 아이들과미래재단의 지원으로 만들어진 청소년을 위한 미래 진로 체험 빅게임입니다. 주 대상은 중고등학생입니다. 플레이 규모는 한 학급, 30여 명 정도가 적당하며, 플레이를 위해 2교시 정도의 시간이 소요됩니다.

〈아그작교실〉은 미래형 VR 전문가, 로봇 개발자, 드론 개발자 등을 포함한 16종의 미래 신직업을 학생들이 면밀하게 살펴보도록 유도합니다. 이 게임에서 학생들은 가상의 회사를 설립하고, 16종의 신직업을 가진 미래 인재들을 채용하여 각종 사회 문제를 해결하면서 자연스럽게 미래 신직업을 이해하게 됩니다. 좀 더 구체적으로 설명하면 다음과 같습니다.

첫 단계는 모둠별 학습으로 3~5명의 학생이 한 모둠이 되어 가상의 회사를 설립합니다. 각 모둠의 학생들은 각자 CEO(Chief Executive Officer, 대표이사), CFO(Chief Financial Officer, 재무이사), CTO(Chief Technology Officer, 기술이사)의 역할을 나누어 맡습니다. 두 번째 단계는 해결하고자 하는 문제에 적합한 인재를 회사에 영입하는 과정입니다. 이때 앞서 얘기한 16종의 신직업을 가진 인재가 게임 컴포넌트 형태로 등장합니다.

〈아그작 교실〉 컴포넌트 일부

세 번째 단계는 채용한 미래 인재를 활용하여 기후 변화, 고령화 사회, 재난 등 다양한 사회 문제를 해결하기 위한 제품이나 서비스를 고안하는 과정입니다.

마지막 단계는 회사별로 개발한 제품

〈아그작 교실〉 수업 장면

이나 서비스를 투자박람회에서 발표하여 투자금을 유치하는 과정입니다. 이 작업을 반복하여 최종적으로 가장 높은 수익을 얻은 회사가 우승하는 구조입니다.

〈아그작교실〉 플레이에 필요한 모든 자료는 모든 교사와 강사가 현장에서 활용할 수 있도록 오픈 소스로 개발되었으며, 컴포넌트는 일반 프린터로 출력해서 사용하면 됩니다. 교육 운영에 필요한 상세 매뉴얼, 교사용 교안 및 컴포넌트는 bswclass.strikingly.com에서 다운받으면 됩니다.

콘텐츠의 저작권

나의 이름을 걸고 만든 나만의 게이미피케이션 콘텐츠를 만들고자 하시는 교사가 많이 계십니다. 자신의 철학, 수업 주제, 교육 환경에 맞는 콘텐츠를 준비하기 위해서입니다. 이 경우 가장 흔한 접근은 본인이 만들려는 콘텐츠와 유사한 주제의 콘텐츠에 담긴 컴포넌트와 규칙 등을 참고하는 방법입니다. 여기서 주의할 부분이 있습니다. 이런 접근이 기존의 콘텐츠에서 영감을 받은 나만의 창작인지 아니면 타인의 저작권을 침해하는 표절인지 구분해야 합니다.

게이미피케이션 콘텐츠를 구성하는 게임 컴포넌트, 규칙 등은 기본적으로 저작권법상 보호를 받는 저작물로서, 저작권자의 사전 서면 동의 없이 내용을 복제하거나 실연하는 것은 복제권, 공연권 등의 저작권을 침해하는 행위입니다.

복제권을 침해한다는 것은 A라는 콘텐츠의 내용을 표절하여 B라는 콘텐츠를 만들어서 퍼블리싱하는 행위입니다. 예를 들어 〈부루마블〉 보드게임의 컴포넌트 구성이나 규칙 등을 표절하여 '돈 벌고 세계일주'라는 보드게임을 만들어서 발표한다면, 이는 복제권 침해에 해당합니다. 공연권을 침해하는 것은 A라는 콘텐츠의 규칙이나 컴포넌트 등을 파악하고, 이를 A 콘텐츠 저작권자로부터 허가를 받지 않은 채 플레이하는 행위입니다. 예를 들어 '슬픈 청바지'라는 빅게임이 있습니다. 김○○는 '슬픈 청바지' 빅게임에 플레이어로 참여하여 게임의 규칙을 다 파악했습니다. 김○○는 '슬픈 청바지' 빅게임 저작권자로부터 허가를 받지 않고 자신이 진행하는 교육 과정의 참가자들에게 '슬픈 청바지' 빅게임을 그대로 플레이시키거나, 또는 일부를 바꿔서 플레이시킵니다. 이 경우 김○○는 공연권을 침해한 것입니다. 컴포넌트, 규칙 등은 저작권뿐만 아니라 부정경쟁방지법에서도 주요한 다툼의 대상이 되고 있습니다.

영감을 받은 나만의 창작과 타인의 저작권을 침해하는 표절을 어떻게 구분할 수 있을까요? 법적으로는 매우 복잡합니다만, 저는 다음 질문을 놓고 스스로 생각해보면 거의 답을 얻는다고 생각합니다. 다음 질문에 '그렇지 않다'고 확신할 수 있으면 됩니다.

"내가 A라는 콘텐츠에서 영감을 얻어서 B라는 콘텐츠를 만들었는데, 만약 A 콘텐츠의 창작자가 내 콘텐츠인 B를 본다면, 자신의 것을 베꼈다고 생각할까?"

교육 목적으로 쓰는 경우 복제권, 공연권 등을 침해해도 법률적, 윤리적으로 별 문제가 없다고 여기는 분들이 계시지만, 엄밀히 따지면 그렇지 않습니다. 교육 목적으로 사용되는 영상, 음악, 이미지 등에 대해 전체가 아닌 일부분을 제한된 환경에서 사용할 경우에만 허용되는 것입니다. 수업 중 사용하는 콘텐츠, 내가 창작한 콘텐츠에 저작권 침해 문제가 없을지 좀 더 세심한 고려가 필요합니다.

Q&A 나도 게임을 만들 수 있을까?

Q 내 수업에 맞는 게임을 직접 만들 수는 없을까요?

A 가능합니다. 실제로 그렇게 직접 제작해서 사용하는 선생님들도 있습니다. 다만, 그 과정이 쉽지는 않습니다. 그래서 몇 가지 팁을 드리면 이렇습니다.

- 혼자보다는 여럿이 함께 도전하면 좋습니다. 뜻이 맞는 동료를 찾아서 함께 하세요.
- 어려운 주제, 복잡한 게임을 만들지 마세요. 처음에는 선생님께서 정말 자신 있는 주제를 놓고 간단한 게임을 만들어 보세요.
- 기존에 알고 있는 게임을 기초로 하여, 변형하고 확장해서 제작해보세요. 처음부터 완전 새로운 콘텐츠를 만들기는 어렵습니다. 그러나 이 과정에서 타인의 저작권을 침해하지 않도록 주의해주시기 바랍니다.

2
Part

교실에서 어떻게
플레이하고 있을까?

교실의 영웅들

1. 생각하고, 협력하고 놀며 배운다

게이미피케이션의 기본

인간의 특징과 보드게임

사람의 특정 행동에 대해 '~하는 인간'이라는 의미의 접두어 '호모(Homo)'를 붙여 인간의 다양한 특징들을 정의하는 용어들이 있습니다. 이 가운데 호모 사피엔스(생각하는 인간), 호모 파베르(도구의 인간), 호모

인간의 특징과 보드게임의 위치

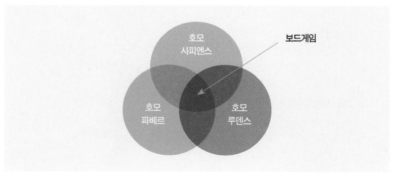

루덴스(유희의 인간)는 생각하고 도구를 사용하며 유희를 즐기는 인간의 특성이자 본능을 나타내는 말입니다. 그리고 이 세 가지 특징 모두가 발현되는 놀이가 보드게임입니다. 보드게임은 바둑, 장기, 윷놀이, 오목처럼 우리 주변에 예전부터 존재해왔습니다. 최근 들어 게이미피케이션에 대한 관심이 높아지면서 보드게임을 교육에 적용하고자 하는 노력이 많

- **보드게임이란?**
  테이블 위에 게임판 또는 게임 도구를 펼쳐놓고 정해진 규칙을 지켜가며 진행하는 놀이

- **보드게임이 진행되기 위한 구성 요소**

① **능동적 참여자**
보드게임은 참여자들의 선택과 결정으로 진행된다. 학교 교실에서는 자발적 참여가 아니더라도 참여자의 내적 동기를 유발하여 능동적으로 참여하도록 유도해야 한다.

② **정리된 규칙**
보드게임이 진행되려면 특정한 상황 또는 문제 상황에서 해결해줄 수 있는 정리된 규칙이 있어야 한다. 정리된 규칙은 참여자들이 사전에 숙지해야 한다.

③ **게임의 공간과 장비**
보드게임은 게임판과 카드, 주사위, 말 등과 같이 게임을 즐길 도구가 필요하다.
이때 게임판과 카드에 다양한 주제와 요소를 담을 수 있다.

④ **전략과 기술**
게임의 참여자들은 동등한 조건에서 승부를 겨루어 이기려고 한다. 이때 참여자의 사고력과 판단력으로 승부의 결과와 스토리가 나올 수 있는 전략과 기술이 필요하다.

⑤ **다른 사람을 배려하는 마음**
보드게임은 컴퓨터게임과 다르게 직접 만나서 함께 게임을 즐길 대상이 필요하다. 상대방과 의사소통을 할 때 예의와 배려가 더욱 필요하다.

아졌습니다.

교사(특히 초등교사)는 학생들을 가르치면서 '생각하는 인간/도구의 인간/유희의 인간' 특징을 고려하고 있습니다. 학생들에게 생각하는 힘, 즉 사고력을 향상시키고자 하며, 학생들의 이해를 돕기 위한 다양한 학습 자료를 제공하여 학생들이 재미있고 즐거운 수업에 참여할 수 있도록 노력합니다.

인간의 특징-게임-게이미피케이션의 요소 비교

인간의 특징	의미	게임의 요소	게이미피케이션의 요소
호모 사피엔스	생각하는 인간	전략	교육적 효과/사고력 향상
호모 파베르	도구의 인간	게임의 규칙/도구	교육 과정 주제 / 학습 자료
호모 루덴스	유희의 인간	즐거움	학습의 참여도 /몰입

게이미피케이션(보드게임)의 사고 과정

게이미피케이션으로 학생들의 생각하는 힘을 키우고자 할 때, 폴리아(George Polya)의 '문제 해결의 사고 과정[1] 4단계'를 참고할 수 있습니다. 이러한 사고 과정은 게이미피케이션 활동에서 승패를 가리거나 미션을 완성하면서 자연스럽게 익힐 수 있습니다. 게이미피케이션에 참여하는

---

1) 수학과 교사용 지도서, 교육부(2015).

자체가 학생들에게는 새로운 문제에 직면하고 해결해가는 과정으로, 긍정적인 자극이 될 수 있습니다. 폴리아의 문제 해결의 사고 과정과 게이미피케이션의 사고 과정을 비교하면 다음과 같습니다.

게이미피케이션의 사고 과정

폴리아의 문제 해결의 사고 과정	게이미피케이션의 사고 과정
① 문제의 이해 단계	① 게임 규칙의 이해 단계
② 해결 계획의 수립 단계	② 게임 전략의 수립 단계
③ 계획의 실행 단계	③ 전략의 실행 단계
④ 반성 단계	④ 반성 단계

1. 게임 규칙의 이해 단계

문제 해결을 위해서는 먼저 문제를 이해하는 것이 중요하듯 즐겁게 게이미피케이션 활동에 참여하기 위해서는 먼저 보드게임 활동의 규칙을 이해하는 것이 중요합니다. 보드게임 활동을 접할 때 학생들은 주사위, 게임판, 카드, 말 등의 많은 구성물로 인해 자칫 규칙이 복잡하다고 느낄 수 있습니다. 게임 규칙을 이해하는 과정에서 게임의 목표가 무엇인지, 주사위와 말 또는 카드와 득점의 관계를 구조화하여 이해하는 연습을 하게 됩니다. 이런 문제를 구조화시키는 연습은 특정 문제에 대한 이해 또는 실생활에서 겪게 되는 문제 이해에 커다란 도움을 줄 수 있습니다.

2. 게임 전략의 수립 단계

문제 해결을 위해 다음과 같은 유용한 전략을 사용할 수 있습니다.

- 그림이나 도표 그리기
- 규칙성 찾기
- 체계적인 목록 만들기
- 표 만들기
- 문제를 단순화하기
- 추측하고 점검하기
- 실험해보기
- 실제로 해보기
- 거꾸로 풀기
- 식 세우기
- 논리적으로 추론하기
- 관점을 바꾸어보기

학교에서 활용하는 보드게임들은 학생들이 순서를 정해서 돌아가며 참여하거나, 활동 단계가 라운드로 구분되는 경우가 많습니다. 보드게임에 참여하는 학생들은 자신의 차례를 기다리는 동안 승리를 위해 어떤 행동을 할 것인지 고민하게 됩니다. 이때 위에서 제시한 구체화된 논리적인 사고 전략으로 접근한다면 승리 확률을 높일 수 있습니다.

3. 전략의 실행 단계

전략의 실행 단계는 게임 전략의 수립 단계가 큰 영향을 미칩니다. 이는 수학 문제나 실생활의 문제를 해결할 때도 마찬가지입니다. 자신의 계획 및 전략에 확신이 없을 때는 실행을 머뭇거리는 경우가 많습니다. 전략의 실행 단계에서 보이는 행동은 전략 수립에 대한 자신의 믿음이 바탕이 되며, 전략 수립은 학생들의 사고력과 직접 연결됩니다. 아울러 자신의 사고에 대한 믿음은 자신감과 자아존중감으로 나타나게 됩니다.

4. 반성 단계

게이미피케이션의 사고 과정 중 반성 단계는 매우 중요한 단계입니다.

반성의 단계가 잘 수행되었을 때, 1. 게임 규칙의 이해 단계, 2. 게임 전략의 수립 단계에서 접근 방법과 집중도가 달라집니다. 일반적으로 학생들은 문제 해결에 실패했거나 수학 게임에서 졌을 경우에 반성을 한다고 생각합니다. 사고력이 향상되기 위해서는 게임 활동에서 이겼을 때나 졌을 때나 그 활동 가운데 좋았던 점과 개선점, 좀 더 흥미로운 전략과 규칙 등을 스스로 정리하고 구조화할 수 있어야 합니다.

보드게임의 교육적 활용

보드게임은 다양한 교육 활동에 적용할 수 있습니다. 보드게임의 교육적 순기능과 그와 관련된 게임들을 다음과 같이 정리해보았습니다.

1. 문제해결력과 사고력을 키울 수 있는 보드게임

주어진 현상을 판단하고 문제 해결을 위한 전략적 사고 능력 발달

〈배틀쉽〉　　　　〈스플렌더〉　　　　〈아줄〉

2. 수리 능력을 키울 수 있는 보드게임

더하기, 빼기 등 수 개념 및 연산과 관련된 게임을 통해 수리 능력 발달

〈아이씨 10!〉

〈로보77〉

〈파라오 코드〉

3. 공간지각력을 키울 수 있는 보드게임

평면도형 또는 입체도형의 조작 활동을 통해 공간지각력과 시지각 협응력 발달

〈우봉고〉

〈라 보카〉

〈블로커스〉

4. 의사소통 능력을 키울 수 있는 보드게임

문제 해결을 위한 언어적 상호 작용을 통해 효율적인 의사소통 능력 발달

〈워드서클〉

〈딕싯〉

〈텔레스트레이션〉

5. 주제 중심의 학습을 가능하게 하는 보드게임

보드게임 속의 주제를 통해 보드게임 속의 내용을 학습

〈타임라인 한국사〉

〈플래닛〉

〈테라포밍 마스〉

보드게임은 구조화된 지식을 익히거나 반복 학습이 필요한 경우 유용하게 적용할 수 있습니다. 진행할 때에는 교육 과정 재구성과 게임의 재구성이 필요합니다. 먼저 게임 중심의 활동을 위한 시수 확보가 필요합니다. 필요에 따라 교과 통합 또는 교육 과정 압축으로 교육 과정을 재구성하여 학생들이 몰입해서 활동할 수 있는 시수를 확보해야 합니다. 게이미피케이션 활동을 효과적으로 수행하기 위해서는 게임 규칙을 설명하는 시간이 확보되어야 합니다. 규칙을 제대로 이해하지 못할 경우 게임의 몰입이나 학습의 효과가 낮아지기 때문입니다.

게임을 교육으로 활용하기 위해서는 보드게임의 재구성이 필요합니다. 주어진 수업시간과 교실, 학생 수에 적합하게 게임 규칙과 구성물의 변화가 수반되어야 합니다. 교육 과정을 분석하여 게임판, 카드, 주사위 등도 교육 과정에 나오는 용어 또는 교육 과정 수준에 맞게 바꾸어 제공하여야 합니다.

보드게임을 활용한 수업

보드게임을 활용한 제 수업의 목표는 'Happy MEAL'입니다. Happy MEAL이란 보드게임을 활용하여 학생의 수학적 사고 능력 M(mathematics)과 창의·인성 능력 E(emotion)을 신장시키기 위해, 모든 학생 A(all)이 즐겁게 참여하는 학생 중심의 배움 중심 수업 L(learning)을 말합니다. M, E, A는 2015개정교육과정의 핵심역량으로, L은 각 교과

MEAL의 의미와 추구 내용

M	수학적 사고능력 (mathematics)	지식정보 처리 역량 (수학과: 문제 해결, 추론, 정보 처리) 창의적 사고 능력(수학과: 창의 융합)
E	감성과 규칙 (emotion)	심미적 역량 자기관리 역량
A	모두 함께 (all)	공동체 역량 의사소통 역량
L	배움 (learning)	학생들이 배워야 할 교육 과정 성취 기준 및 내용

(가운데 열: 2015 개정교육과정 핵심역량)

성취 기준을 제시할 수 있습니다.

위의 내용을 토대로 보드게임과 이를 활용한 교과 수업의 구체적인 사례를 살펴보겠습니다.

1. 보드게임을 활용한 혼합계산 익히기

〈아이씨 10!〉 구성   출처: 에듀카 코리아

아이씨 10!

〈아이씨 10!(i sea 10!)〉는 1~9까지의 숫자와 상어 그림이 있는 100개의 숫자 카드로 구성되어 아이들에게 수 연산 능력을 길러주는 보드게임입니다. 〈아이씨 10!〉는 덧셈을 이용하여 10을 만드는 보드게임으로 초등학교 1학년 1학기 수학 1단원 「9까지의 수」와 3단원 「덧셈과 뺄셈」에서 직접 활용할 수 있습니다. 하지만 다양한 사칙연산을 활용한다면 1학년뿐만 아니라 다양한 학년에서 수 연산 수업에 활용할 수 있는 보드게임입니다.

파라오 코드

〈파라오 코드〉는 8면체, 10면체, 12면체로 된 주사위 3개를 던져 나오는 수와 사칙연산을 이용하여 황금풍뎅이 타일을 획득하는 보드게임입니다. 수학 시간에 가장 활용도가 높은 교육용 보드게임으로 국내에서 만들어진 게임입니다. 〈파라오 코드〉 게임을 하기 위해서는 기초적인 연산 능력, 조합 능력, 순발력이 필요합니다. 주어진 수  를 조합하는 능력은 최근 들어 강조되고 있는 코딩 교육의 기초라고 할 수 있습니다.

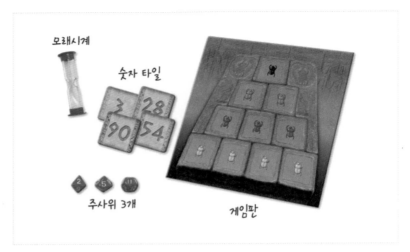

⟨파라오 코드⟩ 구성

<파라오 코드> 게임 규칙

1. 테이블 가운데 피라미드 게임판을 놓고 숫자 타일을 정리해놓는다.
2. 자기 차례가 되면 주사위 3개를 동시에 굴린다.
3. 모든 참여자들은 주사위에 나온 수를 보고 사칙연산을 이용한 수식을 생각한다.(주사위 2개 또는 3개 사용)
4. 주사위 굴린 순서와 상관없이 사칙연산으로 게임판에 있는 숫자를 만드는 데 성공한 사람은 숫자 타일을 가져온다. (이후 모래시계를 뒤집는다.)
5. 모래시계가 다 떨어지면 가져온 숫자 타일로 연산식을 만들어 증명한다.
6. 증명에 성공했다면 가져온 카드는 숫자가 보이게 둔다. 실패할 경우 뒷면의 풍뎅이가 보이게 두며 감점이 된다.
7. 각 층에 색깔이 맞는 타일을 보충한 후, 다음 사람이 주사위를 굴려 새 라운드를 시작한다. (라운드 중간에 카드를 보충하지 않는다.)
8. 더 이상 타일을 보충할 수 없는 층이 나오면 게임이 끝나고, 풍뎅이 수가 가장 많은 사람이 승리한다.

교과 및 단원: 5학년 1학기 수학 1 「자연수의 혼합계산」

이 단원의 주요 학습 내용은 자연수의 사
칙연산을 기초로 하여 덧셈, 뺄셈, 곱셈,
나눗셈이 섞여 있는 혼합계산의 순서를
알고 계산을 능숙하게 하도록 익히는 것
입니다. 교육 과정을 재구성하여 『15소
년 표류기』를 온책읽기 하면서, 책 속의
주인공이 되어 무인도에서 살아남기 위

수업 몰입을 높이는 스토리텔링 그림 자료

한 다양한 미션 활동을 학습 활동으로 진행합니다. 여기서 소개하는 활
동은 혼합계산의 학습 목표와 이야기 속 무인도에서 음식을 구하기 위해
물고기를 잡고 동물을 사냥하는 내용을 엮어 진행했습니다.

• 핵심 역량 및 교육 과정 목표

M (mathematics)	지식정보 처리 역량	문제 해결 – 문제 이해 및 전략 탐색 추론 – 관찰과 추측 정보 처리 – 자료와 정보 수집
	창의적 사고 능력	창의 융합– 융통성, 정교성
E (emotion)	심미적 역량	의미있고 행복한 삶의 추구와 향유 문화적 소양과 감수성
	자기관리 역량	자주적 학습 태도
A (all)	공동체 역량	준법정신, 참여와 책임의식
	의사소통 역량	표현의 이해, 자신의 생각 표현
L (learning)	[6수01-01] 덧셈, 뺄셈, 곱셈, 나눗셈의 혼합계산에서 계산하는 순서를 알고 혼합계산을 할 수 있다.	

• 수업 활동 과정안

배움 단계	배움 과정	배움 중심 교수 · 학습 활동	자료 및 유의점
	수업 분위기 조성	• 학생들과 가볍게 인사하고 무인도에서 살아 남는 법을 이야기하며 즐겁게 학습하려는 마 음을 가진다.	㉤ 학생들의 컨디션과 상태를 관찰하며 파악 한다.
	전시 학습 상기 및 디딤 학습 확인	• 사칙연산이 섞여 있는 식의 혼합계산 확인하 기 - 덧셈, 뺄셈이 섞여 있는 식의 혼합계산 방법 이야기 나누기 - 곱셈, 나눗셈이 섞여 있는 식의 혼합계산 방 법 이야기 나누기	㉠ PPT ㉤ 각각의 혼합계산 원리와 순서를 알아보 고 확인한다.
도입 (전체)	동기 유발 및 상황 제시	• 〈수학섬에서 살아남기〉이야기를 들려주며 동 기 유발 및 문제 제시 **〈수학섬에서 살아남기〉** 중에서 수학섬에 도착한 지 이제 8일째. 수학섬 에 처음 도착했을 때는 사실 앞이 막막하 였다. 낯선 환경이 무섭기도 하고 불안하 기도 하였다. 하지만 옆에 있는 친구들을 의지하여 함께 집도 만들고, 필요한 여러 가지 도구들을 만들며 이 섬에서 살아갈 자신이 생겼다. 그런데 사람 수에 비하여 먹을 것이 턱없이 부족하다. 특히 고기! 고기가 먹고 싶다. 비상식량과 주변의 나 무 열매만 먹어서는 힘을 쓸 수가 없다. 예전에 가족들과 함께 먹던 삼겹살이 너 무나도 그리운 밤이다. …(생략)… - 수학섬에 있는 친구들의 고민과 해결 방안 찾아보기 - 수학섬의 동물들과 물고기 모습을 보여주며 사냥 방법 탐색하기	㉠ PPT ㉤ 동기 유발 이야기 를 통해 오늘 배움 문 제를 유추하게 하고 함 께 확인한다.
	배움 문제 확인	• 배움 문제 "조건에 맞는 혼합계산식을 만들어 봅시다"	

	배움 순서 안내	• 배움 순서 [배움 1] **물고기를 잡아라**: +, -를 중심으로 한 혼합계산식 세우기 [배움 2] **혼합계산 사냥놀이**: 사칙연산을 활용하여 혼합계산식 세우기	㉴ 학습 활동 안내를 자세하고 구체적으로 제시하여 학습자들이 학습의 흐름을 알고 자기주도적으로 학습할 수 있도록 한다.
전개 (모둠)	배움1	**물고기를 잡아라**: +, -를 중심으로 한 혼합계산식 세우기 • 게임 규칙 설명하기 **<물고기를 잡아라> 규칙** - 〈아이씨 10!〉 보드게임 참조 1. 물고기가 그려진 원 모양 카드를 물고기 모양이 보이도록 뒤집어놓는다. 2. 자기 순서가 되면 카드를 하나씩 뒤집어 숫자가 보이도록 바닥에 놓는다. 3. 바닥에 나온 숫자들을 관찰하며 22가 되도록 혼합계산식을 조합한다. 4. 22를 만들 수 있는 혼합계산식을 세운 학생은 '빙고!'를 외친다. 5. 다른 친구들 앞에서 혼합계산식을 말하고 정답이면 혼합계산식에 사용된 물고기 카드를 모두 가져와 놓아둔다. 6. 이때 상어를 뒤집으면 가지고 있던 물고기 한 묶음(22를 만든 혼합계산식)을 뒤집어서 내놓는다. 상어도 다시 뒤집어 놓는다. 7. 카드를 모두 뒤집고 더 이상 22를 만들 수 없을 때, 게임이 끝난다. • 게임 실행하기: 혼합계산식이 적용된 예시 문제 풀기, 규칙을 지키며 게임을 시작하기, 내가 세운 수식을 모둠 친구들에게 정리된 연산식으로 말하기	㉳ PPT, 학습놀이 게임 세트 ㉴ 게임 규칙을 학생들이 잘 이해하도록 순서대로 설명하며, 문제 상황을 제시하여 학생들이 스스로 게임에 참여할 수 있도록 안내한다. ㉴ 학생들의 놀이 활동을 지켜보면서 혼합계산을 실생활에서 사용할 수 있는 과정 중심 평가 실시

배움2	• 게임 정리하기: 게임하면서 만든 혼합계산식 확인하고 배움 노트에 기록하기	📝 과도한 경쟁보다 모둠 친구들과 함께 즐기면서 배울 수 있도록 게임 진행을 유도한다.

• 게임 정리하기: 게임하면서 만든 혼합계산식 확인하고 배움 노트에 기록하기

📝 과도한 경쟁보다 모둠 친구들과 함께 즐기면서 배울 수 있도록 게임 진행을 유도한다.

혼합계산 사냥놀이: 사칙연산을 활용하여 혼합계산식 세우기
• 게임 규칙 설명하기

<주사위 동물사냥> 규칙
– 〈파라오 코드〉 보드게임 참조

1. 보드판의 색깔 칸에 맞추어 숫자가 보이도록 동물 카드를 놓는다.
2. 순서를 정한 후 한 사람씩 주사위 4개를 던진다.
3. 주사위에 나와 있는 숫자들을 보드판 위에 숫자 카드 답이 되도록 조합하여 혼합계산식을 만든다.
4. 먼저 혼합계산식을 만들어 답을 찾은 사람은 해당 동물 카드의 숫자를 말한다.
5. 이후 주사위에 나와 있는 숫자로 혼합계산식을 말하고 정답일 경우 그 카드를 가져간다.
6. 더 이상 주사위에 나와 있는 숫자로 동물 카드의 숫자를 말할 수 없을 때에는 다음 사람이 다시 주사위를 던진다.
7. 더 이상 동물 카드가 없거나 주어진 시간이 다 되면 게임이 끝난다.
8. 동물 카드가 많은 사람이 이기게 된다.

📌 PPT, 학습놀이 게임 세트

📝 게임 규칙을 학생들이 잘 이해할 수 있도록 순서대로 설명하며, 문제 상황을 제시하여 학생들이 스스로 게임에 참여할 수 있도록 안내한다.

• 게임 실행하기: 혼합계산식이 적용된 예시 문제 풀어보기, 규칙을 지키며 게임을 시작하기, 내가 세운 수식을 모둠 친구들에게 정리된 연산식으로 말하기

📝 과도한 경쟁보다 모둠 친구들과 함께 즐기면서 배울 수 있도록 게임 진행을 유도한다.

		• 게임 정리하기: 게임하면서 만든 혼합계산식 확인하고 배움 노트에 기록하기	🖐 학생들의 놀이 활동을 지켜보면서 혼합계산을 실생활에서 사용할 수 있는 과정 중심 평가 실시
정리 (전체)	학습 정리	• 답이 22가 되는 덧셈, 뺄셈으로 이루어진 혼합계산식을 세우고 발표하기 • 주사위에서 나온 숫자로 사칙연산을 이용한 혼합계산식 세우고 발표하기 • 배움 활동 수학일기 쓰기	🖐 좋았던 점, 아쉬웠던 점, 흥미로웠던 점을 이야기 나눈다.
	과제 제시	• 수학 익힘책 풀어보고 틀린 문제 확인하기 • 실생활에서 덧셈, 뺄셈, 곱셈, 나눗셈의 혼합계산 활용하기	🖐 수학일기 쓰기를 통해 본시 학습이 실생활까지 이어지는 수학의 유용성을 느낄 수 있도록 한다.
	차시 예고	• 계산식 속에서 규칙 찾기	

〈22물고기를 잡아라〉 혼합계산식으로 22 만들기 활동 모습

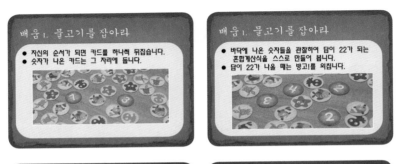

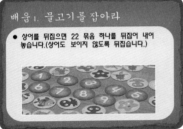

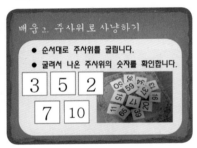

수업에 사용한 활동 설명 PPT

2. 보드게임을 활용한 소수의 계산 익히기

로보 77

〈로보 77〉은 2000년대 초반 국내에서 보드게임 카페가 유행할 당시 〈할리갈리〉, 〈젠가〉 그리고 '뽕망치 벌칙'과 함께 대중들에게 사랑받았던 보드게임입니다. 두 자리 수 덧셈과 뺄셈을 할 수 있으면 누구나 즐길 수 있는 보드게임으로, 카드에 담겨진 내용에 따라 수업에 다양하게 활용할 수 있습니다. 〈로보 77〉 속의 특수 카드는 게임 진행을 재미있게 만들어 줍니다. 학생들과 다양한 특수 카드를 만들어 단순한 수 연산을 더 재미있게 만들 수 있습니다.

 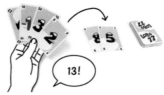

〈로보 77〉   출처: 코리아보드게임즈

<로보 77> 게임 규칙

1. 먼저 로보77 카드를 잘 섞어서 테이블 가운데 둔다.
2. 한 사람당 카드 5장과 생명칩 3개를 나누어 가진다.
3. 시작 플레이어를 정한 후, 처음에는 시계방향으로 돌아가며 게임을 시작한다.
4. 자신의 차례가 되면 손에서 카드를 한 장 내면서 앞 사람이 말한 수와 더한 합을 외친다. 이후 카드 더미에서 1장을 가져와 손에 카드 5장을 유지한다.
5. 만약 자신의 차례에 외치는 수가 77 이상이 되면 생명칩 1개를 잃은 후, 새 라운드를 시작한다.
   - 게임 도중 11의 배수가 되는 수를 외칠 경우에도 생명칩 1개를 잃는다.

교과 및 단원: 4학년 2학기 수학 3단원 「소수의 덧셈과 뺄셈」

이 단원의 주요 학습 내용은 소수의 덧셈과 뺄셈의 원리와 방법을 이해하여 소수 두 자리 수의 덧셈과 뺄셈을 능숙하게 계산하는 것입니다. 학생들이 좋아하는 『피터팬』 이야기를 재구성하여 〈소수랜드에서 온 피터팬〉 프로젝트 학습을 진행하였습니다. 학생들은 『피터팬』 이야기 속에 등장하는 피터 팬, 웬

수업 몰입을 높이는 스토리텔링 그림 자료

디, 마이클, 존, 팅커벨 등의 역할을 맡아 소수의 덧셈과 뺄셈의 문제를 해결하여 후크선장과 악어를 물리치도록 단원을 구성하였습니다. 학생들은 〈로보 77〉의 규칙을 충분히 익힌 상태에서 소수 카드를 이용하여 소수의 덧셈과 뺄셈을 게임을 통해 익히게 됩니다.

• 핵심 역량 및 교육 과정 목표

M (mathematics)	지식정보 처리 역량	문제 해결 – 계획 실행 및 반성, 협력적 문제 해결 추론 – 논리적 절차 수행 정보 처리 – 자료와 정보 정리 분석
	창의적 사고 능력	창의 융합 – 융통성, 정교성
E (emotion)	심미적 역량	의미있고 행복한 삶의 추구와 향유 문화적 소양과 감수성
	자기관리 역량	자주적 학습 태도, 시민 의식
A (all)	공동체 역량	참여와 책임 의식, 참여와 책임 의식
	의사소통 역량	표현의 이해, 자신의 생각 표현
L (learning)	[4수01-17] 소수 두 자리 수의 범위에서 소수의 덧셈과 뺄셈의 계산 원리를 이해하고 그 계산을 할 수 있다.	

• 수업 활동 과정안

배움 단계	배움 과정	배움 중심 교수 · 학습 활동	자료 및 유의점
도입 (전체)	수업 분위기 조성	• 학생들과 가볍게 인사하고 〈소수랜드의 피터팬〉 이야기 짚어보기	유 학생들의 컨디션과 상태를 관찰하며 파악한다.
	전시 학습 상기 및 디딤 학습 확인	• 소수의 덧셈과 뺄셈 방법을 확인한다. – 소수의 덧셈 방법 이야기 나누기 – 소수의 뺄셈 방법 이야기 나누기	자 PPT 유 각각의 혼합 계산 원리와 순서를 알아보고 확인한다.
	동기 유발 및 상황 제시	• 〈소수랜드의 피터팬〉을 들려주며 동기 유발 및 문제 제시 **\<소수랜드의 피터팬\> 중에서** 소수랜드에 숨어서 섬사람들을 괴롭히던 거대 점박이 악어의 동굴을 드디어 찾았다. 소수랜드의 평화를 위해 거대점박이 악어를 물리쳐야 하는데 어떻게 할까? – 소수랜드의 친구들 고민과 해결방안 찾아보기 – 거대점박이 악어를 물리치는 방법을 찾아보기	자 PPT 유 동기 유발 이야기를 통해 오늘의 배움 문제를 유추하게 하고 함께 확인한다.
	배움 문제 확인	• 배움 문제 "소수의 덧셈과 뺄셈을 활용하여 문제를 해결하고, 단원의 내용을 정리해봅시다."	
	배움 순서 안내	• 배움 순서 [배움 1] 게임을 배워요: 소수게임 방법 배우고 만들기 [배움 2] 악어를 잡아라: 소수의 덧셈, 뺄셈을 활용하여 게임하기	유 학습 활동 안내를 자세하고 구체적으로 제시하여 학습자들이 학습 흐름을 알고 자기 주도적으로 학습에 참여할 수 있도록 한다.

| | | 게임을 배워요: 소수게임 방법 배우고 만들기 | 자 PPT, 학습놀이 게 |
| | | • 게임 배경 스토리텔링하기 | 임 세트 |

게임을 배워요: 소수게임 방법 배우고 만들기
• 게임 배경 스토리텔링하기
• 게임 규칙 설명하기
 – 악어를 잡기 위한 소수게임의 방법 설명하기

자 PPT, 학습놀이 게임 세트

<소수랜드의 피터팬 게임>
- 〈로보 77〉보드게임 참조

1. 피터팬 카드를 각각 5장씩 나누어 가지고 나머지 카드는 가운데 모아둔다.
2. 악어 카드를 한 장 뒤집어서 목표가 되는 소수를 확인한다.
3. 자기 순서가 되면 카드를 하나씩 가운데 내려놓는다.
 – 이때 앞에 누적된 값에 내어놓는 카드의 수를 계산한다.
 – 만약 0.3의 카드가 놓여 있고 0.12를 낼 때에는 0.42라고 말하면서 낸다.(검정색 카드일 경우)
 – 빨간 숫자의 카드가 나올 때에는 소수의 뺄셈을 적용하여 계산한다.
4. 카드를 낸 사람은 가운데 카드 더미에서 카드 한 장을 더 가져와 손에 5장을 유지한다.
5. 악어 카드의 수를 넘지 않으면서 시계 방향으로 소수의 덧셈과 뺄셈을 통해 누적값을 말한다.
6. 만약 악어 카드 수를 넘게 될 경우 생명칩 하나를 내어놓는다. 또는 악어 카드 수와 일치하는 소수를 만들 경우 악어 카드와 생명칩 2개를 가져온다.
7. 모든 악어 카드를 제거하게 된 모둠이 이긴다.

유 게임 규칙을 학생들이 잘 이해하도록 순서대로 설명하며, 문제 상황을 제시하여 학생들이 스스로 게임에 참여할 수 있도록 안내한다.

• 소수 카드 만들기: 게임에 필요한 다양한 소수와 특수 카드 만들기
 – 검정색의 소수 카드는 덧셈으로 진행하며, 빨간색의 소수
 – 카드는 뺄셈 카드임을 유의하면서 제작
• Back, Jump 및 특수 카드 제작하기

유 모둠에서 서로 의논하여 다양한 카드가 제작되도록 유도한다.

전개
(모둠)

배움1

교실 게이미피케이션

	배움2	**악어를 잡아라:** 소수의 덧셈, 뺄셈을 활용하여 게임하기 • 게임 준비하기: 〈배움 1〉에서 제작한 카드들을 모으고 목표 소수가 적혀 있는 악어 카드를 준비한다. • 게임 실행하기: 규칙을 지키며 게임을 시작하기 – 누적되는 소수의 덧셈과 뺄셈의 값을 크게 말하도록 지도한다. • 모둠원들끼리 협력하여 악어 카드를 모두 해치우도록 유도하기 • 게임 정리하기: 게임하면서 느낀 점을 배움노트에 기록하기	짜 PPT, 학습놀이 게임 세트 유 과도한 경쟁보다 모둠친구들과 함께 즐기면서 배울 수 있도록 게임 진행을 유도한다.
정리 (전체)	학습 정리	• 학습 내용 확인하기: 게임 규칙 확인 및 소수의 덧셈, 뺄셈을 확인한다. • 배움활동 수학일기 쓰기	유 좋았던 점, 아쉬웠던 점, 흥미로웠던 점을 이야기 나눈다.
	과제 제시	• 수학 익힘책 풀어 보고 틀린 문제 확인하기 • 〈소수랜드의 피터팬〉 그림 자료 확인하기	유 수학 일기쓰기를 통해 본시 학습이 실생활까지 이어지는 수학의 유용성을 느낄 수 있도록 한다.
	차시 예고	• 〈소수랜드의 피터팬〉 나만의 책 만들기	

〈소수 피터팬〉 활동 테이블

배움 1. 게임을 배워요

1. 피터팬 카드를 각각 5장씩 나누어 가지고
   나머지 카드는 가운데 모아둡니다.

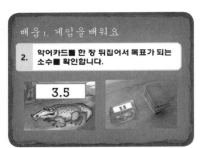

배움 1. 게임을 배워요

2. 악어카드를 한 장 뒤집어서 목표가 되는
   소수를 확인합니다.

3.5

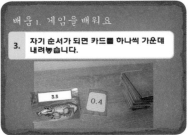

배움 1. 게임을 배워요

3. 자기 순서가 되면 카드를 하나씩 가운데
   내려놓습니다.

3.5 0.4

배움 1. 게임을 배워요

3-1. 이때 앞에 누적된 값에 내어놓는 카드의
     수를 계산합니다.

$$0.4+0.51=0.91$$

0.51 0.4

배움 1. 게임을 배워요

3-3. 빨간 숫자의 카드가 나올 때에는 소수의
     뺄셈을 적용하여 계산합니다.

0.92 0.22 $$0.92-0.22=0.7$$

배움 1. 게임을 배워요

4. 카드를 낸 사람은 가운데 카드 더미에서 카드 한
   장 더 가져와 손에 5장을 유지합니다.

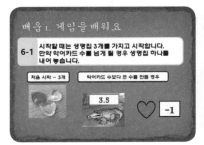

배움 1. 게임을 배워요

6-1. 시작할 때는 생명칩 3개를 가지고 시작합니다.
     만약 악어카드 수를 넘게 될 경우 생명칩 하나를
     내어 놓습니다.

처음 시작 - 3개   악어카드 수보다 큰 수를 만들 경우

3.5 ♥ -1

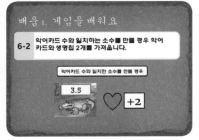

배움 1. 게임을 배워요

6-2. 악어카드 수와 일치하는 소수를 만들 경우 악어
     카드와 생명칩 2개를 가져옵니다.

악어카드 수와 일치한 소수를 만들 경우

3.5 ♥ +2

수업에 사용한 활동 설명 PPT

3. 보드게임을 활용하여 문명의 발달 이해하기

라스베이거스

〈라스베이거스〉

출처: 라벤스부르거

〈라스베이거스〉는 주사위로 베팅을 하는 카지노 테마의 보드게임으로 남녀노소 다 함께 즐길 수 있는 파티 게임입니다. 주사위를 굴려 1~6번 카지노 칸에 주사위를 배치하고 주사위의 수가 많을수록 해당 배팅 금액을 얻게 됩니다. 주사위 영향력 메커니즘을 이용하여 학생들과 함께 각 시대별 기술(점수)을 습득하면서 나라를 발전시킬 수 있습니다.

<라스베이거스> 게임 규칙

1. 6개의 카지노 타일을 테이블 위에 1-6번 순서대로 놓는다.
2. 돈 카드를 잘 섞은 다음 카지노 타일 옆에 놓는다.
3. 각자 한 가지 색깔을 정한 후 해당 색깔의 주사위 8개를 가진다.
4. 자신의 차례가 되면 주사위 모두를 굴린 후, 한 숫자를 선택하여 해당 카지노 타일 위에 선택된 주사위를 모두 놓는다.
5. 모든 사람이 주사위를 다 쓸 때까지 진행한다.(먼저 주사위를 다 쓴 사람은 쉰다.)
6. 주사위를 다 사용했다면 첫 번째 카지노부터 정산한다. 주사위 개수가 많은 사람이 해당 카지노 우승상금을 가져간다.(동점일 경우, 차점자가 가져간다.)
7. 총 4라운드 진행 후 우승 상금을 가장 많이 획득한 사람이 이긴다.

교과 및 단원: 3학년 1학기 사회 3단원 「교통과 통신수단의 변화」

3학년 2학기 사회 2단원 「시대마다 다른 삶의 모습」

3학년 1학기 3단원과 3학년 2학기 2단원에서 공통적으로 학생들에게 가르치고자 하는 것은 과거와 현재 생활 모습의 변화입니다. 학생들과 함께 과거와 현재 교통과 통신수단, 의식주 등 다양한 생활 도구의 변화를 구조화, 순서화시키면서 문명 발달의 이해를 돕고자 하였습니다. 사회 수업시간 또는 창의적 체험활동 시간을 활용하여 학급에서 함께 즐길 수 있는 보드게임을 만들 수 있습니다.

• 핵심 역량 및 교육 과정 목표

M (mathematics)	지식정보 처리 역량	문제 해결 – 문제 이해 및 전략 탐색, 계획 실행 및 반성 추론 – 관찰과 추측, 추론 과정의 반성 정보 처리 – 정보 해석 및 활용
	창의적 사고 능력	창의 융합 – 융통성, 정교성
E (emotion)	심미적 역량	의미있고 행복한 삶의 추구와 향유 문화적 상상력
	자기관리 역량	가치 인식, 자주적 학습 태도
A (all)	공동체 역량	준법정신, 공정성과 정의감
	의사소통 역량	자신의 생각 표현, 타인의 생각 이해
L (learning)	[4사01-05] 옛날과 오늘날의 교통수단에 관한 자료를 바탕으로 하여 교통수단의 발달에 따른 생활 모습의 변화를 설명한다. [4사01-06] 옛날과 오늘날의 통신수단에 관한 자료를 바탕으로 통신수단의 발달에 따른 생활 모습의 변화를 설명한다. [4사02-03] 옛사람들의 생활 도구나 주거 형태를 알아보고, 오늘날의 생활 모습과 비교하여 그 변화를 탐색한다.	

교실 게이미피케이션

· 수업 활동 과정안

배움 단계	배움 과정	배움 중심 교수 · 학습 활동	자료 및 유의점
	수업 분위기 조성	• 학생들과 가볍게 인사하고 옛날과 오늘날의 달라진 점을 이야기	유 학생들의 컨디션과 상태를 관찰하며 파악한다.
	전시 학습 상기 및 디딤 학습 확인	• 옛날과 오늘날의 교통과 통신수단, 의식주 연결짓기 – 옛날의 교통과 통신수단 사진을 보고 오늘날의 교통과 통신수단 이야기하기 – 옛날의 의식주 사진을 보고 오늘날의 의식주 이야기하기	자 PPT 유 옛날의 교통과 통신 수단 장면을 보고, 오늘날의 어떤 교통과 통신 수단으로 바뀌었는지 학생들이 유추하도록 한다.
도입 (전체)	동기 유발 및 상황 제시	• 〈주사위 나라〉 이야기 들려주며 동기 유발 및 문제 제시 여러분은 이제 각 주사위 나라의 왕입니다. 여러분은 의식주 및 교통과 통신 수단의 기술을 개발하여 각 주사위 나라를 발전시켜야 합니다. 여러분 손에는 현재 6명의 주사위 백성들이 있습니다. 주사위를 굴려서 나온 숫자를 확인한 후 주사위 나라가 잘 살 수 있도록 문명 기술 칸에 배치해주시면 됩니다. 석기시대에서 농경시대, 산업시대, 정보시대의 기술을 습득하여 이 나라의 훌륭한 지도자가 되시기 바랍니다. – 사람이 살아가는 데 필요한 도구와 기술 알아보기 – 각 도구와 기술이 발달되면 좋은 점 탐색해보기	자 PPT 유 동기 유발 이야기를 통해 오늘 배움 문제를 유추하게 하고 함께 확인한다.
	배움 문제 확인	• 배움 문제 "옛날과 오늘날의 교통과 통신 수단과 의식주의 형태를 알아보고 그 변화를 알아봅시다."	유 학습 활동 안내를 구체적으로 제시하여 학습자들이 학습 흐름을

배움 순서 안내	• 배움 순서 – [배움 1] 주사위 문명 놀이판 만들기: 교통 과 통신 수단, 의식주 형태 알아보기 – [배움 2] 주사위 문명 놀이하기: 교통과 통 신 수단, 의식주 형태 개발 놀이하기	알고 자기주도적으로 학습에 참여할 수 있도 록 한다.
전개 (모둠)	배움1	**주사위 문명 놀이판 만들기: 교통과 통신 수단, 의식주 형태 알아보기** • 다 함께 게임 만들기: 각 시대별 교통과 통신 수단과 의식주 형태의 기술을 학생들과 정하기	차 PPT, 학습놀이 게 임 세트 유 보드게임에 필요한 기술 타일을 학생들과 협의하여 정하도록 한 다. 이때 학생들의 다양한 아이디어를 수용한 후 정리한다. 유 각 기술 타일의 특 징을 살펴보고 기술 타 일에 효과와 점수를 정 하도록 한다.

1라운드 (농경시대)	2라운드 (공업시대)	3라운드 (정보시대)	4라운드 (우주시대)
농지개간	공장	첨단연구소	식량공장
초가집	주택	아파트	달 기지
목공기술	제철소	반도체	로봇공장
수레발명	증기기관차	비행기	우주비행선
봉 수대	전화	휴대폰	뇌파통신
칼 방패	화약 총	미사일	우주함대
문자	인쇄술	컴퓨터	인공지능

– 각 문명 기술이 사회에 미치는 영향 알아
보기
– 주사위 문명 놀이판에 사용할 기술 명칭과
효과 정리하여 게임판 만들기
※ 교통: 주사위 이동
※ 통신: 주사위 재굴림

다이스-문명의 발전

주사위 문명 놀이 하기: 교통과 통신수단, 의식주 형태 개발 놀이하기

- 게임 규칙 설명하기

\<주사위 문명 놀이\>
- 〈라스베이거스〉보드게임 참조

1. 먼저 6개의 문명의 발달 기술 타일을 테이블 위에 1~6번 순서대로 놓는다.
2. 각자 한 가지 색깔을 정한 후, 해당 색깔의 주사위 8개를 가진다.
3. 자신의 차례가 되면 주사위 모두를 굴린 후, 한 숫자를 선택하여 해당 기술 타일 위에 선택된 주사위를 모두 놓는다.
4. 모든 사람이 주사위를 다 쓸 때까지 진행한다.(먼저 주사위를 다 쓴 사람은 쉰다.)
5. 주사위를 모두 다 사용하였다면 첫 번째 기술 타일부터 가져온다. 주사위 개수가 많은 사람이 해당 기술 타일 가져간다.(만약 동점일 경우, 차점자가 가져간다.)
6. 한 시대가 끝나면 획득한 기술 타일에 적혀 있는 효과를 적용하면서 다음 시대 기술 타일을 바닥에 놓는다.
7. 농경시대, 산업시대, 정보시대 순으로 진행 후 기술 타일에 적혀 있는 점수를 가장 많이 획득한 사람이 이긴다.

- 게임 실행하기
 - 게임 규칙을 다시 한 번 확인하기
 - 규칙을 지키며 게임 시작하기
 - 정보화 시대가 끝나면 획득한 기술 타일에 있는 점수 합산하기
- 게임 정리하기: 게임하면서 획득한 기술 타일들을 확인하고 배움 노트에 기록하기

배움2

(자) PPT, 학습놀이 게임 세트

(유) 게임 규칙을 학생들이 잘 이해하도록 순서대로 설명하며, 문제 상황을 제시하여 학생들이 스스로 게임에 참여할 수 있도록 안내한다.

(유) 과도한 경쟁보다 모둠 친구들과 함께 즐기면서 배울 수 있도록 게임 진행을 유도한다.

정리 (전체)	학습 정리	• 자신이 획득한 기술 타일과 그 기술이 사회에 미친 영향 발표하기 • 주사위 나라의 왕이 되어 기술 타일을 획득하면서 느낀 점을 일기로 쓰기	🖐 좋았던 점, 아쉬웠던 점, 흥미로웠던 점을 이야기 나눈다.
	과제 제시	• 우리 주변에서 문명 발달에 필요한 다양한 기술을 더 조사해보기 • 획득한 기술로 발달한 자신의 주사위 나라를 그림 또는 만화로 그려보기	🖐 기술의 발달이 생활에 미치는 영향을 알아보고 미래의 기술에 대하여 그림으로 표현한다.
	차시 예고	• 세시풍속에 대하여 알아보기	

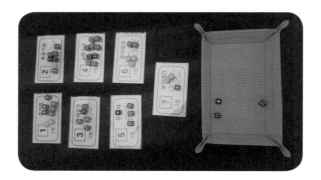

〈주사위 문명〉 활동 모습

1 초가집	2 목공기술
5점	2라운드 시작 시 <제철소>에 주사위 1개를 창고에서 가져와 올림 3점

3 수레발명	4 봉수대
2라운드 중 1번 주사위를 다른 칸으로 옮길 수 있음. 3점	2라운드 중 1번 주사위를 재굴림 할 수 있음 2점

5 칼·방패	6 문자발명
2라운드 중 1번 상대방 주사위 1개를 제거할 수 있음. (사용 시 점수는 1점) 3점	2라운드 시작 시 원하는 기술 카드 1개를 창고에서 가져와 올림 수 있음 2점

? 농지개간	? 어업
2라운드 시작 시 주사위 1개를 더 가지고 시작함 (창고에서 가져옴) 3점	2라운드 시작 시 주사위 1개를 더 가지고 시작함 (창고에서 가져옴) 1점

1 주 택	2 제철소
6점	3라운드 시작 시 <반도체>에 주사위 1개를 손에서 내림 5점

3 증기기관	4 전화
3라운드 중 1번 주사위를 다른 칸으로 옮길 수 있음. 7점	3라운드 중 1번 주사위를 재굴림 할 수 있음 4점

5 화약 총	6 인쇄술
3라운드 시작 시 상대방 주사위 1개를 제거할 수 있음. (사용 시 점수는 1점) 5점	3라운드 시작 시 원하는 기술 카드 1개를 창고에서 주사위 1개를 가져와 올림 수 있음 4점

? 농지개간	? 공업단지
3점	3라운드 시작 시 주사위 1개를 더 가지고 시작함 (창고에서 가져옴) 5점

1라운드 농경시대 기술 카드   2라운드 산업시대 기술 카드

1 고층아파트	2 반도체산업
6점	7점

3 비행기	4 스마트폰
7점	8점

5 미사일	6 인터넷
5점	9점

? 패스트푸드	? 첨단연구소
3점	10점

3라운드 정보화시대 기술 카드

4. 명탐정 놀이 – 협력하여 정보 수집 글쓰기

① 클루

〈클루〉는 악명 높은 백만장자 사무엘 블랙 살인 사건의 범인을 찾는 범죄 추리 보드게임의 고전입니다. 게임에서 제공되는 기본 시트지에는 사건 속에 등장하는 용의자, 도구, 장소가 모두 표기되어 있으며 추리 활동을 통해 시트지에 상대방이 가진 정보를 하나씩 표시해 나가면 최종적으로 남아 있는 인물, 도구, 장소가 정답이 됩니다. 수업시간에는 '선행 어린이 찾기' 테마로 변경하여 적용하였습니다. 제공된 시트지에 정보를 수집 혹은 제거하면서 답을 찾아내는 기법을 통해 학생들은 탐정 활동과 추리의 즐거움을 느낄 수 있습니다.

〈클루〉   출처: 헤즈브로코리아

〈클루〉 게임 규칙

1. 게임판을 테이블에 펼치고 게임 시트지와 연필을 개인별로 준비한다.
2. 인물, 도구, 장소 카드를 잘 섞은 후, 비공개를 각각 1장씩 골라 클루 봉투에 넣어 게임판 가운데 놓는다.

3. 나머지 인물, 도구, 장소 카드는 모두 모아서 잘 섞은 후 인원에 맞게 나누어 가진다.(만약 남는 카드가 있다면 카드 내용을 비공개로 따로 놓아둔다.)

4. 자신의 차례가 되면 주사위를 굴려 나온 수만큼 게임판 위에 놓인 자신의 말을 움직인다.

5. 게임판에 그려진 9개의 장소 중 한 곳에 들어가면 추리를 할 수 있다.(예: 부엌에서 그린이 권총으로 범죄를 저질렀다.)

6. 추리한 사람의 왼쪽 사람부터 자기가 가진 카드 중 해당 내용이 있는지 확인한다. 만약 있을 경우, 해당 카드 1장을 추리한 사람에게 보여준다.(2장을 가지고 있더라도 1장만 보여준다.)

7. 순서대로 돌아가며 이동, 추리, 해당 카드 보여주기를 계속한다.

8. 추리를 계속하다 답을 확신할 경우, 말을 게임판 중앙으로 이동한 후 정답을 말하고 확인한다. 답이 맞으면 그 즉시 승리로 게임이 끝이 나고, 틀렸을 경우에는 게임에서 탈락이며 다른 사람들은 계속 게임을 진행하면 된다.

교과 및 단원: 6학년 2학기 국어 6단원「정보와 표현 판단하기」

6학년 2학기 국어 6단원에서는 관심있는 내용을 뉴스 원고로 작성하는 차시가 있습니다.

〈명탐정 놀이〉 활동을 통해 학생들은 '누가, 언제, 어디서, 무엇을'이라는 기본 정보를 수집하여 뉴스를 작성하는 취재 과정을 경험할 수 있습니다. 육하원칙에 따라 신문 기사, TV 뉴스 원고를 작성하는 활동이라면 어느 학년에나 적용이 가능합니다. 학생들이 직접 몸을 움직여 정보를 수집하고 이를 단서로 답을 찾아가는 과정은 실제적인 지식정보 처리 역량을 함양하는 데 도움을 줍니다. 그리고 효율적인 조사 활동을 위해 모둠원들 간에 서로 협력하고 의사소통하는 과정은 자연스럽게 학생들의 공동체 의식과 의사소통 역량을 길러줍니다.

• 핵심 역량 및 교육 과정 목표

M (mathematics)	지식정보 처리 역량	문제 해결 – 문제 이해 및 전략 탐색, 계획 실행 및 반성, 협력적 문제 해결 추론 – 관찰과 추측, 추론 과정의 반성 정보 처리 – 정보 해석 및 활용
	창의적 사고 능력	창의 융합- 정교성, 수학 외적 연결
E (emotion)	심미적 역량	의미있고 행복한 삶의 추구와 향유, 문화적 상상력
	자기 관리 역량	자주적 학습 태도, 시민 의식
A (all)	공동체 역량	참여와 책임 의식, 협동과 협업 능력
	의사소통 역량	표현의 이해와 개발 및 변환
L (learning)	[6국03-01] 쓰기는 절차에 따라 의미를 구성하고 표현하는 과정임을 이해하고 글을 쓴다. [6국03-04] 타당한 근거와 적절한 표현을 사용하여 주장하는 글을 쓴다.	

• 수업 활동 과정안

배움 단계	배움 과정	배움 중심 교수 · 학습 활동	자료 및 유의점
	수업 분위기 조성	• 학생들이 좋아하는 탐정 관련 영상을 보며 사건 해결을 위해 노력하는 과정 확인하기 • 뉴스 원고 작성을 위한 6하원칙 내용 알아보기	자 탐정 만화 영상 유 학생들이 탐정 또는 기자 역할에 몰입하는 데 도움이 되는 영상을 제공한다.
	전시 학습 상기 및 디딤 학습 확인	– 전 시간에 학습한 다양한 뉴스를 확인하며 전시 학습 상기하기 – 신문 기사와 TV를 보며 기사 속의 6하원칙 찾아보기	자 PPT 유 지난 차시에 배운 다양한 뉴스를 확인하고 그 속에서 '누가, 언제, 어디서, 무엇을, 어떻게, 왜'를 찾아보도록 한다.

도입 (전체)	동기 유발 및 상황 제시	• 〈명탐정 놀이 – 숨은 선행 어린이〉소개하며 동기 유발 및 문제 제시 현재 여러분은 모둠별로 탐정 사무소를 운영하는 명탐정들입니다. 오늘 교장 선생님으로부터 우리 학교에 있는 숨은 선행 어린이를 찾아 달라는 의뢰가 들어왔습니다. 이 학생은 이번 주말 동안에도 선행 활동을 하였다고 합니다. 지금부터 여러분들은 다른 사람들이 가지고 있는 각각의 정보들을 수집하고 자신이 가지고 있는 정보를 지키며 탐정 활동을 하여 주시기 바랍니다. 숨은 선행 어린이와 주말에 한 일을 조사한 탐정은 선행 어린이 뉴스를 작성하여 선생님에게 제출해 주시기 바랍니다. – 협력하여 뉴스 취재하기 – 취재한 내용으로 뉴스 원고 쓰기 	鬱 PPT 鬱 동기 유발 이야기를 통해 오늘 배움 문제를 유추하게 하고 함께 확인한다.
	배움 문제 확인	• 배움 문제 "조사한 활동으로 정보를 모아 뉴스 원고를 작성해 봅시다"	
	배움 순서 안내	• 배움 순서 – [배움 1] 조사 활동하기: 모둠원들끼리 협력하여 조사 활동하기 – [배움 2] 뉴스 원고 작성하기: 주어진 정보를 바탕으로 숨은 선행 어린이 뉴스 원고 작성하기	鬱 학습 활동 안내를 자세하고 구체적으로 제시하여 학습자들이 학습 흐름을 알고 자기 주도적으로 학습에 참여할 수 있도록 한다.

		조사 활동하기: 모둠원들이 협력하여 조사하기	⒜ PPT, 탐정 놀이 학습지, 정보 카드

조사 활동하기: 모둠원들이 협력하여 조사하기

• 게임 규칙 설명하기

<명탐정 놀이 – 숨은 선행 어린이>

〈클루〉 보드게임 참조

1. 먼저 각 탐정 사무소별로 명탐정 놀이 학습지와 정보 카드 1세트(4장)를 가진다. (정보 카드 1세트에는 '누가, 언제, 어디서, 무엇을'에 해당하는 정보가 각각 1장씩 들어 있다.)

   이때 정보 카드 1세트는 따로 숨겨둔다. 숨겨진 정보 카드 속 내용이 찾아야 할 숨은 선행 어린이의 답이 된다.

2. 각 탐정은 정보 카드 1장을 가지고 해당 정보 칸 옆에 자신의 이름을 적는다.

3. 정보 조사 시간은 5분씩 3회가 주어진다.

4. 정보 조사가 시작되면 각 탐정은 교실을 돌아다니며 조사하고자 하는 사람과 만나 가위바위보를 실시한다.

5. 가위바위보에서 이길 경우 상대방의 정보 카드를 확인할 수 있다.

6. 확인한 정보 카드는 학습지에 해당 빈칸 목격자 칸에 이름을 적는다.

7. 주어진 정보 조사 시간이 끝나면 각 탐정 사무소로 돌아와 모둠원들과 조사한 정보를 공유한다.

8. 2차, 3차 정보 조사 자료를 바탕으로 각 탐정 사무소에서는 숨은 선행 어린이 뉴스 원고를 작성한다.

9. 모든 탐정이 뉴스를 작성하고 난 후 숨겨진 정보 카드 세트를 공개하여 답을 확인한다.

• 조사 활동 준비하기

  – 학생들에게 탐정 놀이 학습지를 배부하고 각 탐정 사무소별(모둠별)로 정보 카드 세트를 나누어준다.

  – 각 모둠별 정보 카드 세트에는 4장의 카드가 있다. '누가, 언제, 어디서, 무엇을'에 해당하는 정보 카드가 각각 1개씩 들어 있다.

전개 (모둠)

배움1

ⓩ PPT, 탐정 놀이 학습지, 정보 카드

ⓤ 학생들이 놀이 규칙을 정확하게 이해하도록 자세히 안내한다.

ⓤ 각 기술 타일의 특징을 살펴보고 기술 타일에 효과와 점수를 정하도록 한다.

ⓤ 조사 활동을 할 때 각 탐정 사무소에서는 조사 대상을 나누어 협력하여 조사 활동을 할 수 있도록 지도한다.

교실 게이미피케이션

- 정보 카드는 1인당 1장씩 나누어 가지며 가지고 있는 정보를 학습지에 먼저 표시한다.

- 조사 활동하기
  - 조사 활동 시간은 5분, 정보 공유 및 정리 시간 3분을 갖는다.

1차 조사 활동	5분
정보 공유 및 정리	3분
2차 조사 활동	5분
정보 공유 및 정리	3분
3차 조사 활동	5분

- 조사 활동 시간이 시작되면 학생들은 다른 모둠 학생들을 찾아다니며 정보 수집을 한다.
- 조사 활동을 요청하면 상대방과 가위바위보를 하여 이긴 사람은 진 사람의 정보 카드를 확인할 수 있다.

- 정보 공유 및 정리 시간에는 조사 활동을 할 수 없다.
- 상대방이 조사 활동을 요청할 경우 각 조사 활동 시간마다 1번은 꼭 응해야 한다.

전개 (모둠)	배움2	**뉴스 원고 작성하기**: 주어진 정보를 바탕으로 숨은 선행 어린이 뉴스 원고 작성하기 • 숨은 선행 어린이 선정하기 - 정보 조사 활동이 끝나면 각 모둠에서는 수집한 정보를 바탕으로 숨은 선행 어린이와 선행 활동을 선정한다. - 만약 정보가 부족하여 목격자 칸이 여러 칸 빌 경우 모둠에서 협의하여 하나를 선정한다. • 뉴스 원고 작성하기: 탐정 사무소에서 선정한 숨은 선행 어린이와 주말 선행 활동을 조합하여 각 탐정별로 뉴스 원고를 작성한다. • 뉴스 발표하기: 각 탐정 사무소별로 작성한 뉴스 원고를 발표한다. 	🔒 조사 활동이 일찍 마무리된 모둠은 자연스럽게 배움2의 뉴스 원고 작성하기를 시작하도록 안내한다. 🔒 숨은 선행 어린이 선정 단계에서 의견이 달라 서로 협의가 어려울 경우에는 뉴스 원고를 각자가 선택한 내용으로 작성하게 한다.
정리 (전체)	학습 정리	• 숨겨진 정보 카드를 공개하여 학생들이 선정한 숨은 선행 어린이와 선행 활동이 맞는지 확인한다.	🔒 좋았던 점, 아쉬웠던 점, 흥미로웠던 점을 이야기 나눈다.
	과제 제시	• 숨은 선행 어린이 뉴스 원고 고쳐 쓰기 • 숨은 선행 어린이 인터뷰 역할극 모둠별로 만들어보기	
	차시 예고	• 우리 반 뉴스 발표회 하기	

교실 게이미피케이션

5. 주사위 게임을 활용하여 다양한 동물의 특징 이해하기

Hit The Hat!

〈Hit The Hat!〉   출처: 놀이속의 세상

〈Hit The Hat!〉은 3개의 주사위(모양, 테두리 색깔, 무늬)를 굴려 나온 조건의 교집합 상황에 해당하는 모자 타일을 먼저 찾는 보드게임입니다.

<Hit The Hat!> 게임 규칙

1. 모자 타일을 테이블 위에 흩어놓은 다음, 플레이어들은 흡착 막대를 한 개씩 나누어 가진다.
2. 나이가 어린 플레이어부터 주사위를 굴린다. (이후 시계방향으로 진행)
3. 3개의 주사위를 굴려 모자의 모양, 테두리 색깔, 무늬가 일치하는 모자 타일을 흡착 막대로 찍어 온다. 이때 주사위를 굴리는 순서와는 상관없이 누구든 먼저 찾은 사람이 타일을 찍으면 된다.
4. 가져온 타일을 주사위의 조건과 확인한다. 조건이 일치하면 승점 토큰을 받고, 모양이 틀렸을 경우 승점 토큰 1개를 반납한다.
5. 모자 타일은 테이블 위에 다시 놓아두고, 다음 플레이어가 주사위를 던져 게임을 계속한다.
6. 게임을 진행하다가 승점 토큰 6개를 먼저 모은 사람이 생기면 게임이 종료된다.

각 조건을 확인하기 위한 관찰력과 순발력이 관건인 보드게임으로, 조급한 마음에 조건에 맞지 않는 모자를 가져와 벌점을 받을 수도 있습니다. 모자뿐만 아니라 동물, 식물, 음식 등 다양한 주제의 타일과 그 특징으로 분류할 수 있는 주사위를 만든다면 학습 활동에 재미있게 적용할 수 있는 보드게임입니다.

교과 및 단원: 3학년 2학기 과학 2단원 「동물의 생활」

3학년 2학기 과학 2단원 「동물의 생활」은 동물의 특징과 그에 따른 분류, 그리고 서식 환경에 대해 배우는 단원입니다. 본 게임은 주사위를 만들기 위해 동물의 분류 기준을 먼저 세워야 합니다. 동물이 사는 곳, 동물의 표면(털, 비늘, 깃털), 다리의 수, 먹이 등 학생들이 수업시간에 배웠던 다양한 기준을 통해 그 특징을 쉽게 찾을 수 있는 관찰력을 기를 수 있습니다. 또는 학생들이 스스로 분류 기준을 세워 주사위를 직접 제작해 보는 활동을 통해 놀이 활동에 더 관심을 가지게 할 수 있습니다.

동물이 사는 곳과 특징을 관찰할 수 있는 동물 카드

• 핵심 역량 및 교육 과정 목표

M (mathematics)	지식정보 처리 역량	문제 해결 – 문제 이해 및 전략 탐색, 문제 만들기 추론 – 관찰과 추측 정보 처리 – 자료와 정보 정리 분석
	창의적 사고 능력	창의 융합– 수학 외적 연결 및 융합
E (emotion)	심미적 역량	의미 있고 행복한 삶의 추구와 향유 문화적 소양과 감수성
	자기 관리 역량	자주적 학습 태도
A (all)	공동체 역량	준법정신
	의사소통 역량	표현의 이해, 표현의 개발 및 변환
L (learning)	[4과03-01] 여러 가지 동물을 관찰하여 특징에 따라 분류할 수 있다. [4과03-02] 동물의 생김새와 생활 방식이 환경과 관련되어 있음을 설명할 수 있다.	

• 수업 활동 과정안

배움 단계	배움 과정	배움 중심 교수 · 학습 활동	자료 및 유의점
도입 (전체)	수업 분위기 조성	• 학생들과 가볍게 인사하고 좋아하는 동물에 대하여 이야기한다.	유 주변에서 쉽게 볼 수 있는 개나 고양이보다는 다양한 동물들의 이름을 거론하도록 유도한다.
	전시 학습 상기 및 디딤 학습 확인	• 사는 곳에 따른 다양한 동물들을 확인한다.(땅에 사는 동물, 사막에 사는 동물, 물에 사는 동물, 날아다니는 동물 등) • 사는 곳에 따른 각 동물의 특징을 확인한다.	자 PPT 유 오늘 활동할 내용의 분류 기준 중심으로 정리한다.

동기 유발 및 상황 제시	• 〈주사위 동물 구하기〉 소개하며 동기 유발 및 문제 제시 여러분은 유명한 동물 연구원입니다. 세계 각지의 어려움에 처한 동물들을 구조하여 도와줘야 합니다. 다른 나쁜 사람들의 방해가 있겠지만 주사위를 굴려 위험에 빠진 동물들의 단서가 나타나면, 빨리 가서 해당 동물을 구해오면 됩니다. 많은 동물을 도와준 연구원은 '신비한 동물 박사' 칭호를 얻게 될 것입니다. - 동물의 분류 기준 이해하기 - 동물의 특성을 이해하고 여러 가지 분류 기준에 일치하는 동물 찾기	쟈 PPT 류 동기 유발 이야기를 통해 오늘 배운 문제를 유추하게 하고 함께 확인한다.
배움 문제 확인	• 배움 문제 "동물이 사는 곳, 생김새 등의 특징을 이해하고 동물의 분류 기준을 알아봅시다. 그리고 여러 가지 분류 기준에 일치하는 동물을 찾아봅시다"	류 학습 활동 안내를 자세히 제시하여 학습자들이 학습 흐름을 알고 자기 주도적으로 학습에 참여할 수 있도록 한다.
배움 순서 안내	• 배움 순서 - [배움 1] 동물 분류 기준 세우기: 동물의 분류 기준을 알아보고 주사위 만들기 - [배움 2] 〈주사위 동물 구하기〉 놀이 하기: 주사위를 굴려 나온 조건에 맞는 동물 구조하기	
	동물 분류 기준 세우기: 동물의 분류 기준을 알아보고 주사위 만들기 • 동물 카드 탐색하기: 다양한 동물 카드 속의 동물들을 살펴보고 여러 가지 특징으로 분류하기 	쟈 PPT, 다양한 동물 카드 류 학생들이 동물 카드를 관찰하고 자연스럽게 분류 기준을 찾아보도록 한다.

전개 (모둠)	**배움1**	• 분류 기준 정하기 　- 각 모둠에서는 동물들을 분류할 기준 3가지를 협의하여 정한다. 　- 동물이 사는 곳, 동물의 표면, 다리의 수, 동물의 종류 등 　- 각각의 동물 카드를 직접 관찰하며 기준으로 나누기에 적합한지 확인한다. • 주사위 만들기: 모둠에서 정해진 분류 기준을 주사위 3개에 나누어 적는다. 이때 6면 주사위인 것을 고려하여 적도록 한다. 예를 들면 다음과 같다. 　- 동물이 사는 곳: 땅(2면), 사막(1면), 물(2면), 하늘(1면) 　- 다리의 수: 2개(2면), 4개(2면), 6개 이상(1면), 다리 없음(1면) 　- 동물의 표면: 털(2면), 비늘(2면), 깃털(1면), 모든 동물(1면)	유 만들어진 주사위 내용에 맞도록 사전 분류 작업을 먼저 하도록 한다. 유 동물 특징 주사위를 만들 때는 나무쌓기 블록을 활용할 수 있다.

주사위와 흡착 막대

〈주사위 동물 구하기〉 놀이하기: 주사위를 굴려 나온 조건에 맞는 동물 구조하기

자 동물 분류 주사위, 다양한 동물 카드

• 게임 규칙 설명하기

〈주사위 동물 구하기〉

〈Hit The Hat!〉 보드게임 참조

1. 테이블 위에 동물 카드를 섞어서 놓는다.
2. 주사위 굴릴 순서를 정한다.
3. 자신의 차례가 되면 주사위를 굴린다. 이후 모래시계를 뒤집는다.
4. 주사위에 나온 동물 분류 기준을 확인하여 조건에 맞는 동물을 찾는다.
5. 주사위를 굴린 순서와 상관없이 조건에 맞는 동물을 발견하면 흡착 막대를 이용하여 동물을 구조한다.

	배움2	6. 모래시계가 멈추면 동물 구조를 멈추고 구한 동물 카드 수만큼 승점 토큰으로 바꾼다. 만약 조건이 맞지 않는 동물이 있다면 승점 토큰을 반납한다. 7. 승점 토큰 10개 이상인 사람이 나오면 게임이 종료된다. • 게임 실행하기 – 게임 규칙을 다시 한 번 확인하기 – 규칙을 지키며 게임 시작하기 – 예시) 다음과 같은 주사위가 나왔다면 땅에 살고 다리가 4개인 육식 동물을 찾는다. • 게임 정리하기 – 게임하면서 구조한 동물들의 이름과 특징을 배움 노트에 기록하기 – 동물을 가장 많이 구조한 사람에게는 '신비한 동물 박사' 칭호 수여하기	
정리 (전체)	학습 정리	• 동물의 분류 기준으로 만들어진 주사위를 확인하며 각 조건에 맞는 동물들을 정리한다. – 북극곰, 판다, 아프리카펭귄, 수리부엉이 의 공통점 알아보기 – 멸종 위기에 처한 동물들 알아보기	㈜ 좋았던 점, 아쉬웠던 점, 흥미로웠던 점을 이야기 나눈다.
	과제 제시	• 세계 각지의 멸종 위기에 처한 동물들을 알려주고 우리가 도울 방법을 안내하기	㈜ 멸종위기의 동물들을 알아보고 관심을 가지도록 유도한다.
	차시 예고	• 우리 생활에서 동물의 특징을 이용한 예 알아보기	

게임을 통한 몰입의 효과

우리나라 대부분의 교육 활동은 교실에서 책으로 배우는 간접 교육 활동이 다수입니다. 간접 교육에서 효율적인 교육효과를 이끌어내기 위해서는 몰입이 필요한데, 간접 교육에서는 한계가 있습니다. 몰입은 강한 집중력과 반복적으로 참여하고자 하는 욕구를 만들어냅니다. 보드게임을 교육에 활용하면 학습자가 게임 속 주인공이 되어 승리조건에 도달하기 위해 목표를 세우고, 카드 사용하기, 주사위 굴리기, 미션 수행하기 등의 활동으로 다양한 선택과 결정을 하게 됩니다. 이 과정에서 학생들은 학습내용에 몰입하여 학습 효과를 높일 수 있습니다.

게임 활동은 즐거움을 추구하는 인간 본연의 활동이며, 게임 활동으로 잘 설계된 수업은 학습자가 내적 동기에 의해 몰입이 되어 교육 활동에 적극적으로 참여할 수 있게 합니다.

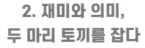

2. 재미와 의미,
두 마리 토끼를 잡다
게이미피케이션의 확장

메일 정리를 하다가 게이미피케이션을 주제로 하는 온라인 강좌 소개를 접했습니다. 흥미로운 단어라는 생각이 들어 삭제하기 전 메일 확인을 했습니다. 처음 게이미피케이션(gamification)이라는 단어를 보았을 때 떠오른 단어는 game과 education이었습니다. 잠시 후 철자를 확인하면서 도대체 이 단어에서 어떻게 education을 떠올렸는지 어이가 없어 혼자 웃었습니다. TV 예능 프로그램을 보면서도 '어, 이거 수업에 활용하면 재미있겠다!'라고 생각하는 교사가 많다는 사실을 떠올려본다면 무엇이든 교육과 연결하려고 하는 것은 어쩌면 교사들의 직업병 같은 것일지도 모르겠습니다. 어떤 내용이 있을지 짐작하기 어려웠고, 익숙하지 않은 사이트에서 진행하는 유료 강의였지만 결제를 망설이지 않았습니다. 게임이 아닌 분야에 게임의 요소를 접목한다는 설명에 끌렸기 때문입니다.

강의는 기대 이상의 내용이었습니다. 평소에도 교육 활동에 게임 요소를 활용하기는 했지만, 놀이와 교육 내용이 좀 더 하나로 섞일 수는 없는지 늘 아쉬움이 있었기 때문입니다. 수업 중에 간단한 놀이로 분위기를 살린다거나, 이미 배운 내용을 복습하는 차원에서 게임을 활용하는 것 이상의 수업을 자주 시도했었는데, 그것의 다른 이름이 게이미피케이션이었습니다.

선생님, 한 판만 더 하면 안 돼요?

초등학교 학생들은 늘 움직이고 싶어하고 이야기 나누기를 좋아합니다. 하지만 수업시간에는 그럴 수 없는 경우가 많으니 늘어진 모습으로 앉아 지루해서 못 살겠다는 표정으로 몸을 비트는 학생들이 생기기도 합니다. 이런 모습만큼 교사를 긴장시키는 모습이 또 있을지 모르겠습니다.

몰입과 자발적 참여가 이루어지는 수업을 생각하며 준비를 시작하지만, 하다 보면 '재미있는 활동 뭐 없을까?' 하는 궁리가 많아지는 이유는 학생들의 이런 모습을 보고 싶지 않기 때문이기도 합니다. 수업을 듣는 학생들의 표정과 참여도는 수업을 하고 있는 교사에게도 그대로 영향을 미치기 때문에 교사도 재미있는 수업을 선호하게 됩니다.

'OX 퀴즈'부터 '골든벨 퀴즈', 다양한 경쟁 게임 등 간단한 게임을 수업에 활용하기 시작한 이유는 이런 상황에서 너무 당연한 선택이었습니다. 수업 초반에 동기 유발을 위해 또는 내용을 익히고 확인하는 단계에서 게임을 적용하자 학생들은 즐거워했고 수업은 활기를 띠었습니다. 하지만 문제가 전혀 없었던 것은 아니었습니다. 때로는 게임이 너무 재미있어서 오히려 수업에 방해가 되기도 했습니다.

"선생님, 한 판만 더 하면 안 돼요?"

"딱 한 판만 더 해요. 네?"

게임과 수업이 명확하게 분리되면서 학생들은 수업시간에 게임을 하면 즐겁게 참여했지만, 막상 내용 학습에 들어가면 실망스런 표정을 감추지 않았습니다. 아, 이러려고 시작한 것이 아닌데….

간단한 변화로 수업을 게임처럼

너무 재미있는 게임이 수업에 방해가 되기도 하는 경험은, 동기 유발이나 정리 단계가 아니라 본시 활동 자체를 게임화할 수는 없을지 고민하게 만들었습니다. 처음부터 쉽지는 않았지만 다양한 시도와 실패의 과정에서 몇 가지 소중한 배움이 있었습니다.

가장 중요한 것은 학습 목표를 분명히 확인하고 중심에 두어야 한다는 것입니다. 자칫 활동의 재미 요소에 중심을 두다가는 수업이 엉뚱한 방향으로 흘러 목표가 무엇인지 알 수 없는 경우가 생기기도 합니다. 그런 의미에서 교육 과정 재구성이나 주간 수업 계획 등 기본은 정말 중요했습니다. 이렇게 한두 번 시도하다 보니 분명한 목표를 중심에 놓고 수업을 계획하는 것 외에도 몇 가지 참고하면 좋을 기준들이 생겼습니다.

첫째, 학생들이 움직일 수 있는 요소가 들어가면 좋습니다. 예를 들어 수학 문제를 푸는 상황을 생각해 볼까요? 보통은 책상에 앉아서 수학 익힘책이나 학습지에 있는 문제를 풀게 됩니다. 여기에 학생들의 움직임을 넣는다면 어떻게 바꿀 수 있을까요?

- 모둠별로 줄을 서서 칠판에 나와서 릴레이 문제 풀기
- 교실을 몇 구역으로 나누어 구역별로 문제를 두고, 학생들이 각 구역을 돌면서 문제 풀기
- 각자 한 장의 숫자 카드를 가지고 있고, 다른 학생과 만나서 두 카드의 수로 연산식을 만들어 문제 풀기

물론 이렇게 움직임을 추가하면 같은 시간에 한 학생이 푸는 문제의 수는 줄어드는 것처럼 보일 수 있습니다. 하지만 학생들이 수학 익힘책이나 학습지를 풀 때의 표정과 위와 같은 활동을 할 때의 표정을 상상해 본다면 어떨까요? 푸는 문제의 수보다는 문제를 풀 때 얼마나 집중하는

친구들과 활동하며 문제를 푸는 학생들

지가 더 중요하지 않을까요?

둘째, 교과에 대한 학생들의 수준 차이가 겉으로 드러나지 않으면 활동 자체에 몰입할 수 있어서 좋습니다.

특히 수학의 경우, 자신이 도움이 필요하다는 것을 부끄럽게 여겨 수업시간에 적절한 도움을 받지 못해 학습 부진이 누적되는 경우가 많습니다. 문제에 집중해도 문제를 풀기 어려운데 여기저기서 "다 했어요", "다 했다~", "다 한 사람은 뭐해요?"와 같은 소리가 들린다면 어떨까요? 이런 소리가 들리면 지원이 필요한 학생들은 심리적인 이유로 수업 내용에 몰입하지 못하고, 자기가 못하는 것을 감추기에 급급하게 됩니다. 교실이 모르면 배우면 되는, 배움이 일어나는 장소가 아니라 자기가 얼마나 알고 있는지 자랑하는 경연장이 되어서는 안 된다고 생각합니다.

어떻게 하면 개인차가 겉으로 드러나지 않게 할 수 있을까요? 공동의 목표를 설정해서 함께 목표를 이루는 활동이나, 게시판을 활용해서 원할 때 쉬는 시간이나 다른 자투리 시간을 추가로 이용할 수 있도록 한다면 개인차가 크게 부각되지 않을 수 있습니다.

셋째, 준비가 복잡하지 않으면 더욱 좋습니다. 일주일에 20시간 이상 수업을 준비해야 하는데, 한 시간의 수업 준비가 너무 오래 걸린다면 아무리 좋아도 지속하기 어렵기 때문입니다. 예전에 〈무역 놀이〉 수업을 준비하면서 실제 같은 상황을 만들기 위해 정말 많은 준비를 한 적이 있었습니다. 수업시간은 만족스러웠지만 마치고 나니 한 시간 수업을 위해

〈무역 놀이〉 준비물

준비한 재료와 시간 들이 비효율적이라는 생각이 들었습니다. 지금은 같은 주제로 훨씬 간단한 수업을 할 수 있게 되었습니다.

넷째, 경쟁 요소가 있는 듯한 게임으로 시작했으나 자연스럽게 승패의 의미가 희석되는 구조로 디자인하면 좋습니다. 앞서 예로 든 '무역 놀이'의 경우 처음에는 이웃 나라보다 이익을 많이 남기려고 경쟁하듯 게임이 진행됩니다. 하지만 다양한 시설을 건설하는 이유라든가 현재 일어나는 상황에 대해 인터뷰하고 이야기 나누는 과정에서 자연스럽게 누가 얼마나 많은 이익을 남겼는지보다 왜 이익을 남기려고 했는지, 국가가 무엇에 가치를 두느냐에 따라 나라의 모습이 어떻게 달라질 수 있는지 등 생각의 범위가 넓어집니다.

지금도 기억이 나는 장면이 하나 있습니다. 보통의 경우 무역이 중심이 되는 활동이다 보니 공항이나 고속도로를 먼저 건설하는 경우가 많은데 한 모둠에서 병원, 학교, 장애인 편의시설 등 다른 모둠에서는 뒤로

밀리는 시설들을 먼저 건설하는 모습을 보고 인터뷰를 해보았습니다.

"다른 나라는 무역을 위해 고속도로와 공항을 먼저 건설했는데, 병원이나 장애인 편의시설을 먼저 건설한 이유가 있나요?"

"무역보다 사람이 안전하게 살 수 있는 것이 더 중요하다고 생각했습니다. 경제보다 사람이 먼저 아닌가요?"

순간 교실에는 아… 하는 탄성이 터져나왔고 그날 우리는 정말 많은 이야기를 나눌 수 있었습니다. 학생들의 선택에 따라 어디로 흐를지 알 수 없는, 그래서 때로 계획하지 않은 이런 멋진 장면을 만나는 것이 게이미피케이션을 활용한 수업의 매력이 아닐까 합니다.

수업을 플레이하라

무역 놀이

이미 많은 수업 자료가 공개된 만큼 게임화가 쉬운 주제이기도 합니다. 이 사례의 특징이라면 수차례 수업을 진행하면서 준비물을 최소한으로 줄이고, 승패가 아닌 가치를 논의할 수 있는 장치를 마련했다는 것입니다.

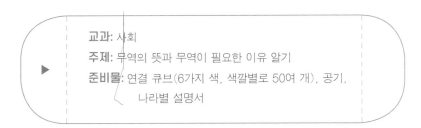

교과: 사회
주제: 무역의 뜻과 무역이 필요한 이유 알기
준비물: 연결 큐브(6가지 색, 색깔별로 50여 개), 공기,
　　　　　나라별 설명서

진행 방법

1. 교실 앞 빈 책상에 6색의 큐브와 공기를 준비한다.

2. 학생들은 6개의 모둠으로 나누고 각 나라 설명서를 나눠준다.

3. 시작 전 나라별 초기 상태를 준비하도록 한다.

   – 초기 상태: 나라의 생산품 15개, 자본(공기알) 20개

4. 각 라운드는 생산, 무역, 소비의 3턴으로 이루어진다.

무역 놀이 나라별 설명서

하얀 나라

주력 생산품: 식량(흰색)

한 라운드는 생산, 무역, 소비 세 단계로 이루어집니다. 라운드가 시작되면 식량 15개를 생산하고 자본금 20알을 받습니다.

아래 표를 참고하여 나라 유지에 필요한 생산품을 무역을 통해 준비합니다.

나라 유지에 필요한 생산품을 모두 내면 무역성공 보상금 5알을 받습니다. 만약 다 못 채운 경우, 보상금은 받지 않습니다.

라운드가 끝났을 때,
생산품은 종류별로 최대 5개를 넘게 남겨둘 수 없습니다. 만약 특정 생산품이 5개가 넘게 남았다면 5개만 남기고 버려야 합니다.

나라 유지를 위해 필요한 물건

종류	수량	종류	수량
식량(흰색)	2	석유(검정색)	1
목재(갈색)	3	섬유(파란색)	3
자동차(빨간색)	1	기술력(노란색)	2

무역을 통해 벌어들인 소득으로 우리나라를 살기 좋게 만들 수 있습니다.(시설 건설 후 시설당 생산력 1증가 혹은 무역보상금 1증가 중 택 1)

고속도로 건설-10알   항구, 공항 건설-10알
병원 건설-10알   학교 건설-12알
공원 건설-12알   지하철 건설-12알
장애인 편의시설 건설-10알   유기동물 보호시설 건설-10알

갈색 나라

주력 생산품: 목재(갈색)

한 라운드는 생산, 무역, 소비 세 단계로 이루어집니다. 라운드가 시작되면 목재 15개를 생산하고 자본금 20알을 받습니다.

아래 표를 참고하여 나라 유지에 필요한 생산품을 무역을 통해 준비합니다.

나라 유지에 필요한 생산품을 모두 내면 무역성공 보상금 5알을 받습니다. 만약 다 못 채운 경우, 보상금은 받지 않습니다.

라운드가 끝났을 때,
생산품은 종류별로 최대 5개를 넘게 남겨둘 수 없습니다. 만약 특정 생산품이 5개가 넘게 남았다면 5개만 남기고 버려야 합니다.

나라 유지를 위해 필요한 물건

종류	수량	종류	수량
식량(흰색)	2	석유(검정색)	2
목재(갈색)	2	섬유(파란색)	2
자동차(빨간색)	2	기술력(노란색)	2

무역을 통해 벌어들인 소득으로 우리나라를 살기 좋게 만들 수 있습니다.(시설 건설 후 시설당 생산력 1증가 혹은 무역보상금 1증가 중 택 1)

고속도로 건설-10알   항구, 공항 건설-10알
병원 건설-10알   학교 건설-12알
공원 건설-12알   지하철 건설-12알
장애인 편의시설 건설-10알   유기동물 보호시설 건설-10알

빨간 나라

주력 생산품: 자동차(빨간색)

한 라운드는 생산, 무역, 소비 세 단계로 이루어집니다. 라운드가 시작되면 자동차 15개를 생산하고 자본금 20알을 받습니다.

아래 표를 참고하여 나라 유지에 필요한 생산품을 무역을 통해 준비합니다.

나라 유지에 필요한 생산품을 모두 내면 무역성공 보상금 5알을 받습니다. 만약 다 못 채운 경우, 보상금은 받지 않습니다.

라운드가 끝났을 때, 생산품은 종류별로 최대 5개를 넘게 남겨둘 수 없습니다. 만약 특정 생산품이 5개가 넘게 남았다면 5개만 남기고 버려야 합니다.

나라 유지를 위해 필요한 물건

종류	수량	종류	수량
식량(흰색)	2	석유(검정색)	2
목재(갈색)	1	섬유(파란색)	3
자동차(빨간색)	3	기술력(노란색)	1

무역을 통해 벌어들인 소득으로 우리나라를 살기 좋게 만들 수 있습니다.(시설 건설 후 시설당 생산력 1증가 혹은 무역보상금 1증가 중 택 1)

고속도로 건설-10알   항구, 공항 건설-10알
병원 건설-10알   학교 건설-12알
공원 건설-12알   지하철 건설-12알
장애인 편의시설 건설-10알   유기동물 보호시설 건설-10알

검은 나라

주력 생산품: 석유(검은색)

한 라운드는 생산, 무역, 소비 세 단계로 이루어집니다. 라운드가 시작되면 석유 15개를 생산하고 자본금 20알을 받습니다.

아래 표를 참고하여 나라 유지에 필요한 생산품을 무역을 통해 준비합니다.

나라 유지에 필요한 생산품을 모두 내면 무역성공 보상금 5알을 받습니다. 만약 다 못 채운 경우, 보상금은 받지 않습니다.

라운드가 끝났을 때, 생산품은 종류별로 최대 5개를 넘게 남겨둘 수 없습니다. 만약 특정 생산품이 5개가 넘게 남았다면 5개만 남기고 버려야 합니다.

나라 유지를 위해 필요한 물건

종류	수량	종류	수량
식량(흰색)	2	석유(검정색)	2
목재(갈색)	1	섬유(파란색)	1
자동차(빨간색)	3	기술력(노란색)	3

무역을 통해 벌어들인 소득으로 우리나라를 살기 좋게 만들 수 있습니다.(시설 건설 후 시설당 생산력 1증가 혹은 무역보상금 1증가 중 택 1)

고속도로 건설-10알   항구, 공항 건설-10알
병원 건설-10알   학교 건설-12알
공원 건설-12알   지하철 건설-12알
장애인 편의시설 건설-10알   유기동물 보호시설 건설-10알

- 생산: 각 나라의 생산품 5개를 생산한다.

- 무역: 각 나라의 필요 물품을 확인하고 다른 나라와 무역을 통해 필요 물품을 구한다. 필요량보다 많이 구해도 상관없지만, 적게 구하면 무역보상금을 받을 수 없다.

- 소비: 각 나라의 필요 물품을 교실 앞쪽 책상에 낸다. 이때 6가지 물품을 모두 낸 모둠은 무역보상금으로 공기 5알을 받는다.

파란 나라

주력 생산품: 섬유(파란색)

한 라운드는 생산, 무역, 소비 세 단계로 이루어집니다. 라운드가 시작되면 섬유 15개를 생산하고 자본금 20알을 받습니다.

아래 표를 참고하여 나라 유지에 필요한 생산품을 무역을 통해 준비합니다.

나라 유지에 필요한 생산품을 모두 내면 무역성공 보상금 5알을 받습니다. 만약 다 못 채운 경우, 보상금은 받지 않습니다.

라운드가 끝났을 때,
생산품은 종류별로 최대 5개를 넘겨 남겨둘 수 없습니다. 만약 특정 생산품이 5개가 넘게 남았다면 5개만 남기고 버려야 합니다.

나라 유지를 위해 필요한 물건

종류	수량	종류	수량
식량(흰색)	2	석유(검정색)	3
목재(갈색)	2	섬유(파란색)	2
자동차(빨간색)	1	기술력(노란색)	2

무역을 통해 벌어들인 소득으로 우리나라를 살기 좋게 만들 수 있습니다.(시설 건설 후 시설당 생산력 1증가 혹은 무역보상금 1증가 중 택 1)

고속도로 건설-10알	항구, 공항 건설-10알
병원 건설-10알	학교 건설-12알
공원 건설-12알	지하철 건설-12알
장애인 편의시설 건설-10알	유기동물 보호시설 건설-10알

노란 나라

주력 생산품: 기술(노란색)

한 라운드는 생산, 무역, 소비 세 단계로 이루어집니다. 라운드가 시작되면 기술 15개를 생산하고 자본금 20알을 받습니다.

아래 표를 참고하여 나라 유지에 필요한 생산품을 무역을 통해 준비합니다.

나라 유지에 필요한 생산품을 모두 내면 무역성공 보상금 5알을 받습니다. 만약 다 못 채운 경우, 보상금은 받지 않습니다.

라운드가 끝났을 때,
생산품은 종류별로 최대 5개를 넘겨 남겨둘 수 없습니다. 만약 특정 생산품이 5개가 넘게 남았다면 5개만 남기고 버려야 합니다.

나라 유지를 위해 필요한 물건

종류	수량	종류	수량
식량(흰색)	2	석유(검정색)	2
목재(갈색)	3	섬유(파란색)	1
자동차(빨간색)	2	기술력(노란색)	2

무역을 통해 벌어들인 소득으로 우리나라를 살기 좋게 만들 수 있습니다.(시설 건설 후 시설당 생산력 1증가 혹은 무역보상금 1증가 중 택 1)

고속도로 건설-10알	항구, 공항 건설-10알
병원 건설-10알	학교 건설-12알
공원 건설-12알	지하철 건설-12알
장애인 편의시설 건설-10알	유기동물 보호시설 건설-10알

필요 물품을 모두 내지 못한 모둠은 무역보상금을 받지 못한다.

(이 규칙은 빠진 블록의 수만큼 받지 못하는 것으로 수정할 수도 있다.)

5. 3라운드 이후 건설 턴이 추가되어 라운드는 생산, 무역, 소비, 건설의 4턴으로 이루어진다.

　－ 건설: 설명서 아래쪽을 확인하고 원하는 시설을 건설하여 비용을 지불한다. 건설한 시설 한 개당 생산 능력이 1 늘어나거나 무역보상

금을 1알 더 받을 수 있다. (나라별로 선택할 수 있다.)

6. 1라운드는 규칙을 설명하면서 천천히 진행하고, 이후 라운드는 학생들의 이해도를 확인해가며 제한 시간을 두어 빠르게 진행한다. (예: 생산 – 30초, 무역 – 2분, 소비 – 30초)

7. 이 게임은 무역을 통해 살고 싶은 나라를 만드는 과정을 이해하는 것이 목표이다. 이와 관련하여 게임을 진행하면서 중간중간 질문을 던진다. 질문은 한꺼번에 하는 것보다 활동 중간중간에 한두 개 하는 것이 좋다. 실제로는 더 다양한 질문이 나올 수 있지만 대표적인 질문을 예로 들어본다면,

   - (3, 4라운드 이후에)

   Q: 서로 다른 나라의 물건을 사거나 파는 것을 무엇이라고 하나요?

   A: 무역이요.

   Q: 왜 다른 나라의 물건을 사야 하나요?

   A: 우리나라에 필요한 물건이 다 있지 않아요.

   Q: 왜 나라마다 생산품이 다를까요?

   A: 나라마다 자연환경이나 기술 수준이 달라요.

   - (나라별로 2가지 이상의 시설이 건설되고 나서)

   Q: 그 시설을 먼저 건설한 이유는 무엇인가요?(이때 어떤 것을 먼저 건설하는 것이 좋은지 가치 판단이 들어가는 것은 좋지 않다.)

   Q: 처음엔 시설을 건설할 수 없었는데 지금 여러 시설을 건설한 이유는 무엇인가요?

   A: 무역을 통해 나라의 부가 증대되었어요.

8. 교과서 내용을 간단히 정리하며 수업을 마무리한다.

새우과자를 이용하여 알아보는 지속가능한 발전

수학 시간에 게임화를 시도하는 이유가 학습 개인차가 많이 나고, 수학을 어려워하는 학생들이 많기 때문이라면 사회 수업을 게임화하는 이유는 조금 다릅니다. 학생은 한정된 공간과 시간을 살고 있는 개인인 데 반해, 교과서는 넓은 공간과 시간을 다루기 때문에 학생들에게 사회는 어렵고 지루하게 느껴질 수 있습니다. 어찌 보면 다 알고 있는 이야기인 것 같기도 하고, 전혀 모르는 것 같기도 합니다. 거기에 태도의 영역까지 다뤄야 한다면?

이 활동은 환경 관련 수업을 할 때마다 학생들이 자연 환경은 당연히 그대로 지키는 것이 좋다고 피상적으로 생각하면서도 생활에서 실천으로 이어지지 않는 경우가 많아 만들게 되었습니다. 기본 설정만 있을 뿐, 학생들의 선택에 따라 스토리가 달라지기 때문에 재미있기도 하고 오히려 그래서 어렵기도 한 활동입니다.

> ▶ **교과:** 사회
> **주제:** 지속가능한 발전의 뜻과 필요한 이유 알기
> 지속가능한 발전을 위해 노력하려는 마음 갖기
> **준비물:** 파란색 A4 색지 6장, 새우깡, 매운새우깡,
> 비닐장갑

진행 방법

1. 각 모둠별로 가운데 파란 색지(=바다) 한 장을 놓고 시작한다.

2. 교사 멘트: 여러분 앞에 있는 종이는 바다입니다, 여러분은 바닷가 근처에 살고 있는 사람들입니다. 바닷속에는 무엇이 살고 있을까요? 네, 물고기가 살겠죠? (새우깡(=물고기)을 조금씩 나눠준다.)
   지금부터 10을 세면 1년이라는 시간이 지납니다. 그동안 여러분은 여러분 주변에 있는 자연 환경을 이용해 살아남으면 됩니다.

3. 한 라운드는 10을 세는 동안 학생들이 선택한 행동을 하는 것과 이후 그 행동의 결과를 알려주고, 물고기가 번식하는 것으로 이루어집니다. 라운드에 따라 그 결과를 이야기 나누기도 합니다.

4. 이후는 학생의 선택에 따라 결과를 제시하면서 이야기를 이어가게 됩니다. 중요한 라운드는 먹어야 살아남는다는 것을 알게 되는 첫 라운드, 오염된 물고기가 처음으로 등장하는 라운드(보통 4라운드 이후), 오염된 물고기를 먹지 않아도 오염은 점점 늘어가는 것을 알게 되는 라운드(오염 이후 2, 3라운드 지나서)입니다.

5. 전체적으로 이야기가 전개되면서 학생들이 인식하게 되는 상황은 다음과 같습니다.

   – 자연을 이용해야만 살아남을 수 있구나
   – 물고기를 다 잡아먹지 않아야 번식을 해서 계속 먹을 수 있구나
   – 바다의 크기에 비해 물고기 수가 너무 늘어나면 번식이 줄어들기도 하는구나

– 자연을 이용하다 보면 오염을 피할 수는 없구나

– 자연을 이용하면서 오염을 줄이는 것은 정말 어렵구나

– 자연을 이용하지 않을 수도 없고, 오염을 그냥 둘 수도 없고 어떻게
하면 좋지?

이 수업은 할 때마다 다르게 진행되었지만, 소감에 대한 글쓰기는 꼭 넣었습니다. 활동하면서 나온 상황, 나눈 이야기, 자신의 선택과 고민에 대한 것들을 글로 쓰다 보면 수업시간에 미처 정리하지 못했던 생각들이 넓어지고 깊어지는 경험을 할 수 있기 때문입니다.

오염된 물고기가 점점 늘어가게 되면, 어느 한 명은 장난스럽게 혼자 오염된 물고기를 모두 먹고 죽으면 된다는 의견을 내곤 합니다. 5학년 학생들과 수업을 하면서 '그 상황이 실제라면 어떨까?'라는 질문을 던져 본 적이 있습니다. 만약 그렇다면 그 한 명은 어떻게 정해야 하는지. '실제로 전 세계적으로 수많은 오염 물질과 쓰레기는 어떻게 처리되고 있을까?' 하는 질문도 던졌습니다. 그리고 쓰레기를 수입하는 나라와 그 쓰레기 더미에서 팔 수 있는 금속을 찾느라 오염에 그대로 노출된 아이들의 영상을 보여 주었습니다.

학생들은 장난스럽게 시작한 활동이 실제와 연결되면서 이러지도 저러지도 못하는 상황에 답답함을 호소했고, 바로 그 지점이 게이미피케이션이 주는 몰입의 힘이라고 생각합니다.

스토리 진행 예시

①

새우깡을 이용하여 알아보는
지속가능한 발전

②

수업 목표	지속가능한 발전이 필요한 까닭을 알기 지속가능한 발전을 위한 태도 기르기
아이들이 체험하기 바라는 부분	나의 작은 행동이 환경, 타인에게 미치는 영향 환경 문제 → 나의 문제, 시급한 문제

③

초기 준비
물고기(새우깡)
바다(파란 종이)

④

게임 진행 방식

교사: 이야기를 진행, 마인드셋을 중시하는 방식

학생: 상황에 따라 반응, 결과를 보고 다시 행동 수정

중요! 진행 과정 중에 서로 끊임없이 의견을 나누는 것

⑤

교사의 스토리 진행 방식 예시(1)

- 너희들은 어부야. 바닷가에 살고 있지. 그리고 여긴 바다, 이건 물고기야. 새우깡이 아닌 물고기.

- 인간이 지구에서 제일 처음에 자연환경을 이용해서 살아남았겠지?

- 선생님이 종을 치면 1년이 지나가는 거야. 너희들은 그 전에 자연환경을 이용해서 살아남아야 해. 땡! (10초)

⑥

학생들의 반응과 결과 예시(1)

눈앞에 과자가 보이니 우선 먹었다.

↓

자연을 이용해 배고픔을 해결했구나. 생존에 성공했네.

학생들의 반응과 결과 예시(2)

어떤 상황인지 몰라 먹지 않았다.

자연환경을 이용하지 못했군요. 저런, 배고픔을 견디지 못하고 죽었습니다. (엎드리게 하고 게임에서 제외함)

교사의 스토리 진행 방식 예시(2)

- 이제 자연을 이용해서 어떻게 생존해야 하는지 잘 알았나요? (종이에 남은 새우깡만큼 새우깡을 더 줌)

- 자연은 시간이 지나면 번식을 합니다. 바닷속에 있는 물고기가 늘어납니다.

- 자, 이제 또 1년이 지납니다. 역시나 자연을 이용해서 생존해야 합니다. 시작!

학생들의 반응과 결과 예시(3)

- 먹지 않으면 생존할 수 없다. → 모두 물고기를 먹는다.
- 물고기를 조금만 먹을수록 번식을 많이 한다. → 물고기를 조금씩 먹는다.

(2, 3턴이 지나 바다에 물고기가 많아지면) 바닷속의 물고기가 너무 많아졌네요. 자연은 스스로 번식을 조절해서 개체수를 유지하려 합니다. (새로 주는 새우깡의 양을 줄임)

이후 교사의 스토리 진행 예시(3)

- 물고기가 많아져 오염된 물고기(매운새우깡) 등장→모르고 오염된 물고기를 먹고 죽는 사람이 생김

- 오염된 물고기를 먹으면 죽고, 먹지 않고 남겨두면 오염된 물고기도 번식을 시작함 →시간이 지날수록 바다의 오염도가 증가함

- 학생들이 걱정하는 반응을 보이면 회의 시간을 줌 →정화 시설 이야기가 나오면 매우 비싼 비용으로 정화가 가능함을 알려줌

이후 학생들의 반응 예시(4)

- 오염된 물고기를 먹으면 죽는다. → 먹지 않으려고 함

- 가만히 두면 바다의 오염도가 계속 올라갈 것을 염려해서 고민하기 시작함

- 회의 후 한 사람이 오염된 물고기를 다 먹고 죽는 것을 선택하기도 함

- 두 번 이상의 회의 시간 → 정화 시설 이야기가 나오기도 함

활동 후 학생들의 이야기(4)

- 살기 위해 자연을 이용해야 하는데 그럴수록 오염은 증가하고 너무 답답했다.

- 정화 비용이 그렇게 많이 드는지 몰랐다. 자연이 오염되기 전에 잘 보존하는 것이 중요한 것 같다.

- 실제로 하는 것이 아니니까 장난스럽게 오염된 물고기를 한 사람이 다 먹고 죽는 것으로 결정했는데, 실제로 그런 경우라면 누구를 선택하겠냐는 질문이 어려웠다.

학생들의 활동 후 글

반갑다, 친구야

연산 원리를 이해하고 연산 기능을 익히기 위해서는 반드시 문제를 푸는 과정이 필요합니다. 학생들이 이 과정을 지루하고 쓸모없는 과정으로 여기는 것이 안타까워 문제를 푸는 과정에 학생이 자발적으로 참여하고 몰입할 수 있도록 만든 활동입니다. 이 활동은 A×B = C와 같은 형태의 연산 영역이라면 학년에 구애받지 않고 적용할 수 있습니다.

▶ 교과: 수학
주제: 연산 기능 익히기
대상: 1~6학년 모두 가능
준비물: 활동지, (1학년의 경우) 퀴즈네어 막대

진행 방법

1. 자기 숫자를 정하고 활동지에 적는다. (내용에 따라 정하는 방식은 다양하지만, 보통 교사가 미리 정한 숫자 중에서 제비뽑기로 정하는 것이 좋다.)

2. 다른 친구를 만나 친구의 숫자와 자신의 숫자로 연산식을 만들어 활동지에 적는다.

3. 각자 문제를 풀고 서로 답을 확인한다. 답이 같으면 바로 헤어져 다른 친구를 만나고, 다르면 함께 풀이 과정을 비교하며 답을 찾는다.

4. 정해진 시간 동안 같은 활동을 반복한다.

활동 예시

- 자연수의 덧셈, 뺄셈하기

  (1학년 한 자릿수의 덧셈, 뺄셈의 경우 '퀴즈네어' 막대를 들고 만나면 서로 정답을 확인하기 쉽다.)

- 분수의 통분하기

- 분수의 덧셈, 뺄셈하기

  (분모가 다른 분수의 뺄셈을 할 경우, 바로 크기 비교를 능숙하게 하지 못하는 학생들이 있을 수 있다. 교사가 미리 제시된 분수의 크기를 칠판에 순서대로 적어두면 오류 없이 플레이할 수 있다.)

- 소수 계산하기

  (나눗셈처럼 만나는 수에 따라 지나치게 계

문제를 매우 빨리 푸는 학생들도 충분히 활동할 수 있도록 활동지는 넓은 공간을 확보하는 것이 좋다.
친구를 만나지 못하고 빙빙 도는 학생이 생길 수도 있다. 교실 중앙을 '만남의 광장'이라고 칭하고 친구를 찾지 못한 친구는 그곳으로 나오라고 하면 쉽게 만날 수 있다.

	나	친구	덧셈식 만들기	결과
1				
2				
3				

반갑다 친구야

학년 반 이름 :

◉ 친구를 만나 서로 분모를 확인하고 분모가 같은 분수로 만드시오.

	나	친구	공통분모 찾기	통분하기
1				
2				
3				

학습지 예시 – 저학년 덧셈, 중학년 통분

산 과정이 복잡해질 수 있는 경우에 활용하는 것은 적절하지 않을 수 있다.)

금고를 열어라

고학년쯤 되면 학습 결손이 누적된 학생들을 종종 볼 수 있습니다. 이 학생들은 수업시간만으로 그 내용을 익히기 어렵습니다. 4학년 과정인 분수의 덧셈, 뺄셈을 위해서는 가분수를 대분수로 고치거나 대분수를 가분수로 고치는 것에 능숙해야 합니다. 5학년 과정인 분모가 다른 분수의 덧셈이나 뺄셈을 하기 위해서는 통분에 능숙해야 하고, 분수의 곱셈과 나눗셈을 위해서는 두 수의 공약수를 빨리 찾을 수 있어야 합니다. 분수의 곱셈과 나눗셈은 수업시간 이후에도 지속적인 연습이 필요한 학생들이 많습니다.

이 활동은 새 수학 단원에 들어가기 전 필요한 선행 학습이나 이후 복습 활동을 자발적으로 할 수 있도록 계획되었습니다. 교실 앞에 잠긴 금고가 있다면 그 속에 무엇이 들어있든 일단 비밀번호를 알아내서 열어보고 싶지 않을까요?

150　　　　　　　　　　　　　　　　　　　　교실 게이미피케이션

교과: 수학

주제: 수학 연산 영역

대상: 3학년 이상(1, 2학년도 가능하지만, 수업시간 이외에 이 활동이 필요할 만큼 어려운 연산은 나오지 않는다.)

준비물: 활동지 3종 이상, 금고(보통 간식이나 쿠폰을 넣어 둘 수 있다.)

진행 방법

교실 한편에 금고, 활동지 1, 2, 3을 여유 있게 비치한다.

1. 활동지를 푸는 것은 쉬는 시간, 아침 시간 등 여유 시간을 활용한다.

   (자율적인 활동으로 풀지 않아도 상관없다.)

2. 각 단계는 활동지에 나온 모든 문제의 정답을 맞혀야 통과된다.

3. 채점은 초기에는 교사가, 단계별 통과자가 나오면 학생도 맡을 수 있다.

4. 다 푼 활동지는 틀린 문제 여부와 상관없이 모두 교사에게 제출한다.

   (한 문제라도 틀린 학생은 새 활동지를 다시 풀어야 한다.)

5. 각 단계를 통과할 때마다 세 자리 금고 비밀번호 중 숫자 한 개씩을 알려준다.

6. 3단계 활동지를 모두 통과한 학생에게는 금고를 열 기회가 주어진다.

   (친구를 통해 비밀번호를 안다고 해도 활동지를 통과하지 못한 학생은 금고를 열 기회를 얻지 못한다.)

TIP!

첫 번째 금고를 여는 학생이 나오기 전까지 이 활동지는 먼지가 쌓일 수도 있다. 금고만으로 분위기가 확 사는 경우도 있지만, 학급에 따라 적당히 분위기를 만들어주는 것이 필요한 경우도 있다.

디지털 금고와 내부 모습

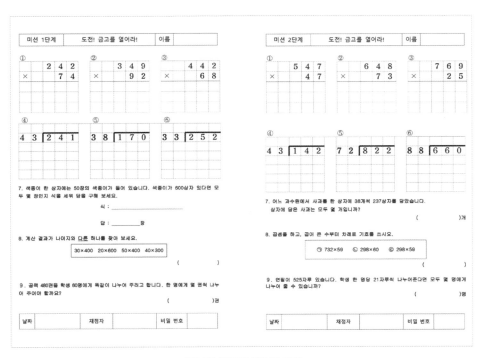

〈금고를 열어라〉 활동지 예시

교실 게이미피케이션

게이미피케이션을 한 달씩이나?

삼국 RPG

때로는 장기간 게이미피케이션을 활용해 수업을 진행할 수도 있습니다. 게임의 핵심 규칙을 적절히 만들기만 한다면 무엇보다 큰 몰입을 경험할 수 있는 시간이 되기도 합니다.

고민의 시작은 5학년 역사 수업에서 비롯되었습니다.

"신라가 삼국을 통일한 후 멸망한 백제와 고구려 사람들은 어떻게 되었을까?"

"모두 죽었어요."

다양한 활동도 하고 영상 자료도 보고 재미있게 수업을 했지만, 역사라는 영역이 워낙 학생들의 흥미와 출발점의 개인차가 커서 준비에 비해 만족스러운 수업을 할 수 없었습니다. 특히 연표를 보면서 어느 날 뚝딱 고조선이 세워지고 신라가 세워지고, 어느 날 고구려가 멸망하고 신라가 삼국을 통일하고…. 마치 영화의 장면이 바뀌는 것처럼 역사가 진행되는 것으로 학생들이 생각한다는 것을 알고 나서 그 고민은 더욱 깊어졌습니다. 어떻게 하면 아이들이 역사를 살아있는 사람들의 이야기로 느낄 수 있을까? 학생들이 그 시대 사람들이 되어 나라도 세우고, 발전을 위해 노력도 하고, 통일을 위한 전쟁도 해본다면 어떨까?

〈삼국 RPG〉는 교사들의 이런 고민 속에서 탄생했습니다.

교과: 사회

학습목표: 고대국가의 성장 과정을 알고 각 나라의 문화유산을 활용해 고대 사람들이 이룩한 문화의 우수성을 설명할 수 있다.

준비물: 격자가 그려진 한반도 백지도, 3가지 색의 16mm 원형 스티커, 나라별 실록, 영토 전쟁 규칙 등 활동 속 게임 준비물

운영기간: 교육 과정상 6차시 수업을 주당 2시간씩 배당하여 3주간 운영
* 수업시간 이외에도 RPG는 기간 동안 계속 이어짐
** 미술, 실과, 체육 시간 등을 활용한 교육 과정 재구성 필요

삼국 RPG가 뭔가요?

- 삼국의 건국, 발전, 통일의 과정을 학생들이 직접 플레이어가 되어 경험해 보는 것이다.

- 학생을 세 팀으로 나누어 나라를 세우고 경험치 · 군사력 · 경제력 포인트로 영토를 넓히면서 통일전쟁을 준비 한다.

- 수업시간 이외의 시간에도 게임의 설정이 유지되어 학생들이 몰입감을 느끼고 수업시간에 참여하게 된다.

Roll	Playng	Game
삼국의 백성의 되어	점수를 모아 영토를 넓히고	천하를 통일하라!
• 삼국은 신분제 사회, 매일 바뀌는 신분 • 왕은 왕의 일기를 작성하고, 장수는 '어둠의 무사'를 수행하며, 백성은 왕과 장수의 명령을 따른다.	• 매일의 생활을 통해 점수를 모으고, 퀘스트를 준비하면서 역사를 공부하여 경험치·군사력·경제력을 쌓는다.	• 그동안 모은 점수와 영토를 걸고 삼국 통일전쟁 한 판 • 전쟁을 위해 우리나라의 역사를 공부하면 초능력을 쓸 수 있다.

수업 시작 전 준비할 것

- 격자가 그려진 한반도 백지도: A2 크기로 플로터 인쇄
- 스티커: 3가지 색의 16mm 원형 스티커
- '어둠 속의 무사' 게임 준비물: 신문지 6장 이상, 안대 6개, 스카치테이프
- 나라별 실록(매일 그날의 왕이 점수와 일기 기록)

삼국 RPG 첫 시간이 중요해요

- 세 팀으로 모둠을 짓는다.(빨강, 파랑, 초록)
  - 3명씩 그룹 구성하기: 비슷한 성향, 너무 친한 친구들처럼 다른 팀

경험치	군사력	경제력
다양한 퀘스트	매일 줄넘기	학습과 관련된 모든 활동
왕뽑기, 건국신화역할극, 율령반포, 문화재 만들기 등 수업내용과 관련	어둠의 무사	

〈삼국 RPG〉 포인트는 이렇게!

이 되면 좋을 학생들로 그룹을 짓는다.

- 그룹에서 빨강, 파랑, 초록 중 하나씩 골라서 같은 색끼리 모여 그룹을 짓는다.(이때 다른 그룹에서 결과 모르게 한다.)
- 게임이 진행되는 동안 같은 분단에서 생활

- 왕을 뽑는다.
  - 경험치를 걸고 하는 첫 퀘스트이다.
  - 학생들은 자율적으로 왕을 뽑지만, 그 과정에서 가장 협력적으로 왕을 뽑은 나라가 높은 경험치를 획득한다.

〈삼국지 RPG〉 게임 지도

- 점수 획득 방식은 이처럼 실제로 점수를 획득해 가면서 알도록 한다.
- 도읍지 위치로 나라를 정한다.
  - 왕들이 나와 간단히 팔씨름 후 원하는 곳에 도읍을 정한다.
  - 지도에 미리 서라벌, 국내성, 한성 부분에 검정색으로 표시한다.
- 삼국 시대를 배우는 동안 삼국의 백성이 되어 생활할 것임을 안내하는데, 첫날 모든 내용을 설명하는 것이 아니라 게임이 진행되는 과정에서 차차 알 수 있도록 그때그때 한 가지씩 설명한다.

삼국 RPG 플레이어의 하루

- 아침
  - 체력 훈련하기: 등교 후 줄넘기 200번을 한다. (방식은 변형 가능하다.)
  - 아침 활동으로 학습지 풀기 등 경제력 포인트를 얻는 활동을 넣을

수 있다.

– 신분 뽑기: 각 나라는 아침에 신분을 뽑아 그 신분으로 하루를 삼
   왕 1명(매일 실록 작성), 장수 2명(매일 '어둠의 무사'), 그 외 학생들은 백성
   신분은 이틀에 한 번 뽑는 것도 괜찮다. 학생들의 요구가 있을 때 왕을
   뽑는 방법을 변경할 수 있다.

- 쉬는 시간, 점심시간
   – 무기 제작하기: 신문지 1장, 스카치테이프 2칸, 제작 시간 3분
   – 무기 제작 인원: 어둠의 무사(각 나라의 장수 2명씩 6명)
   – 기본 규칙: ①안대를 쓰고 진행한다. ②무기는 양손으로 잡고, 팔은
      위/아래 방향으로만 움직일 수 있다. ③다른 사람의 무기에 머리를
      맞으면 아웃된다.
   – 영토 분쟁: 시작 조건이 되면 규칙에 따라 자유롭게 실시한다.
   – 사용할 수 있는 테이프를 두 칸으로 제한하면, 활동 후 바로 테이프
      를 제거하고 신문지를 재활용 수거함에 넣어 무기가 다른 수업시간
      에 방해가 되지 않도록 할 수 있다.
   – 첫 시간에 아무런 설명 없이 재료만 주고 "무기를 만드세요."라고
      하면 처음엔 신문지를 뭉친 폭탄, 권총 모양, 짧은 칼 등 다양한 형
      태의 무기들이 등장한다. 전투를 경험한 후 삼국 모두 무기 모양
      이 점점 발전했으며, 다른 나라 무기의 장점을 보고 따라 하기도
      했다. 이로써 학생들은 무기 및 문화의 발달도 자연스럽게 경험할
      수 있다.

```
┌─────────────────────────────────────────┐
│            영토 분쟁 규칙                  │
│                                           │
│  1. 전쟁 선포                             │
│  한 나라의 장수가 다른 나라의 왕에게 전쟁을 │
│  선포한다.                                │
│  전쟁을 통보받은 나라는 인원수가 충분하지   │
│  않을 때 시간을 조절할 수 있다.            │
│  이용 가능 시간: 쉬는 시간, 점심 시간, 아침 │
│  시간, 방과후 시간                        │
│                                           │
│  2. 전쟁 준비                             │
│  두 나라의 왕이 가위바위보를 한다.          │
│  이긴 나라의 왕이 제비를 뽑는다.           │
│  규칙, 승리 조건을 두 나라의 왕이 협의한다.  │
│                                           │
│  3. 전쟁                                  │
│  규칙에 따라 진행한다.                     │
│  필요에 따라 심판을 요청할 수 있다.         │
│  승리한 나라는 진 나라의 영토를 2칸 점령한다. │
└─────────────────────────────────────────┘
```

- 집에 가기 전

  − 점수를 합산하여 확장된 영토의 크기를 확인한다.

  − 영토 확장 규칙: ①현재 영토와 붙어 있어야 한다. ②도읍지를 안전하게 지킬 수 있는 모습으로 확장한다. ③위치에 따라 100점당 확장할 수 있는 영토의 크기가 다르다.

  100점당 확장할 수 있는 영토 크기
  · 한강 이남 지역-100점당 1칸
  · 한강~국내성 지역- 100점당 2칸
  · 국내성 이북 지역-100점당 3칸

  − 실록 작성하기: 왕이 매일 작성한다.

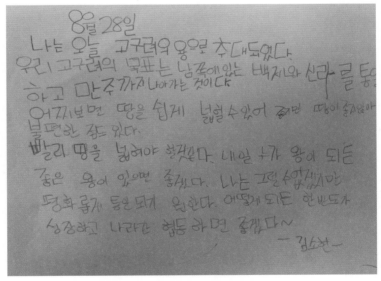

왕이 매일 쓰는 실록(화성 능동초 임소연 선생님 학급 사례)

드디어 삼국 통일이다

통일전쟁은 '고백신 피구'[1]로 진행한다. 게임의 진행 방식을 익히기 위해

통일전쟁 초능력 '고백신 피구' 준비 과정

- 안내: 초능력은 역사적 사실과 그 나라의 유물, 인물 등과 관련해서 만들 수 있으니 학생들이 직접 조사해 오도록 한다.

- 1차 협의
  - 각 나라는 돌아가면서 한 개의 초능력을 설명한다.
  - 이웃 두 나라가 다음 조건에 비추어 초능력을 인정할 것인지, 수정할 것인지, 기각할 것인지 결정한다.
  ① 근거로 한 역사적 사건이 사실인가?
  ② 역사적 사건과 초능력은 관련이 있는가?
  ③ 초능력의 발동 조건은(시기, 횟수, 지속 시간 등) 적절한가?
  - 보통 1차 협의 후 학생들은 추가 조사 시간을 요구한다. 이때 깊이있는 자발적 학습이 일어난다.

- 2차 협의
  - 1차 협의와 방식은 같다.
  - 확정된 초능력은 초능력 이름 / 효과 / 지속 시간(필요한 경우)을 기록하여 각각 카드로 만들면 좋다.
  - 초능력 예시

고구려	백제	신라
장수왕 찬스	**계백 찬스**	**나당 연합 찬스**
장수왕 때 영토가 가장 넓었으니 2분간 백제와 신라의 영토를 아주 좁은 공간으로 제한한다.	500의 군사로 수천의 군사에 맞서 대등하게 싸웠으니 2분간 백제만 쓸 수 있는 공을 하나 더 추가한다.	신라가 당나라의 도움을 받아 전쟁을 했으니 2분간 아웃된 사람들 중에서 5명이 부활한다.

- 통일전쟁 진행 방식: 하루 정도의 시간 간격을 두고 총 2차전으로 진행된다.

통일전쟁 전 체육 시간을 활용해 '고백신 피구'의 기본 룰을 익히는 것이 좋다.

- 고백신 피구 기본 규칙
  - 경기장: 원형 경기장을 세 부분으로 나눈다. 경기장의 크기는 당일 지도의 영토 크기에 비례한다.
  - 초기 설정: 실제 학생 수가 동일하다면, 당일까지 각 나라의 점수에 따라 추가 생명을 확보할 수 있다.

    예를 들어 각 나라 학생 수가 9명씩이고, 당일 총 점수가 백제 2800, 신라 3200, 고구려 3300이라면, 백제-추가 생명 확보 0, 신라-(3200-2800=400) 추가 생명 4 확보, 고구려-(3300-2800=500) 추가 생명 5 확보한 셈이다.

- 1차전
  - 세 나라 중 한 나라가 멸망하면 경기를 마친다.
  - 멸망한 나라의 마지막 백성을 아웃시킨 나라가 그 나라의 영토를 갖게 된다. (지도에서 그 나라 영토를 자기 나라 스티커로 덮는다.)
  - 전쟁 후 멸망한 나라의 백성은 유민이 되어 다음 중 한 가지 선택을 할 수 있다.

    만약 마지막에 백제에 의해 고구려가 멸망했다면 고구려 백성들은

---

1) 정유진 외(2012), 『학교야 놀자』, 테크빌교육(즐거운학교)

다음과 같은 선택지를 가질 수 있다.

　① 백제에 복수하기 위해 신라에 투항한다 → 신라 백성이 된다.

　② 백제가 강한 것 같으니 백제에 투항한다 → 백제 백성이 된다.

　③ 어느 나라에도 가지 않겠다 → 고구려 부흥 운동을 할 수 있지만 통일전쟁에는 참가할 수 없다.

- 2차전
  - 두 나라가 삼국 통일을 걸고 벌이는 최종 일전으로 진행 방식은 1차 전과 동일하다.
  - 2차전 시작 전에 초능력 협의 시간을 다시 가질 수 있다.
  - 1차전에서 멸망한 나라의 영토는 마지막 백성을 아웃시킨 나라가 차지하지만, 멸망한 나라의 포인트는 그냥 사라진다.

실제 역사에서는 신라가 삼국을 통일했지만, 교실 안 〈삼국 RPG〉에서는 다른 결말이 나올 수도 있다는 점이 아이들에게 가장 매력적인 부분이었습니다. 그러나 역사적 사실을 배우는 것이 중요하기 때문에 그 간극을 메우기 위한 방법으로 역사적 사실에 기반한 초능력 피구를 통일전쟁의 종목으로 선택했습니다. 1차 협의 전 간단히 자기 나라를 조사해 오라는 과제를 받지만, 열심히 하는 학생들은 그리 많지 않았습니다. 그러나 1차 협의 시간을 거

TIP!

초능력 사용 방식

- '찬스'를 크게 외치면 교사가 경기 중단하고 초능력 내용을 확인한 후 사용함
- 초능력을 한 번에 여러 개 사용할 수 있으나, 먼저 사용한 초능력의 내용에 상충되는 초능력은 함께 사용할 수 없음

치면서 분위기는 달라졌습니다. 학생들은 각 나라의 역사적 사실을 조사하고, 어떤 초능력과 연결시킬 수 있을지 방과후 서로의 SNS를 활용해 소통하고 작전을 세우곤 했습니다.

〈삼국 RPG〉를 처음 진행했을 때, 가장 당황스러웠던 순간은 바로 1차 통일전쟁 직후였습니다. 삼국의 이야기에 푹 빠진 학생들은 자기 나라가 멸망한 순간 바닥에 주저앉아 말 그대로 대성통곡을 하기 시작했고 (도저히 다음 수업을 진행할 수 없을 정도로!), 다른 나라에 대한 복수심과 친구에 대한 서운함을 드러내기도 하고, 동맹을 배신한 나라에 대한 분노를 보이기도 했습니다. 후삼국이니 유민이니 하는 낯선 단어들을 아이들은 온몸으로 배우고 있었습니다. 기특한 한편, 너무 감정적인 모습을 보이는 학생들을 어떻게 다독여야 할지 걱정이 되었습니다.

하지만 다음 쉬는 시간, 그 걱정은 다른 학생들의 도움으로 바로 사라지게 되었습니다. 유민을 얼마나 흡수하느냐가 최종 통일전쟁의 승패를 좌우할 수 있기 때문에 남은 두 나라의 유민 확보를 위한 경쟁이 시작된 것입니다. 자기 나라의 강함을 설명하기도 하고, 친구의 인연으로 설득하기도 하고, 유민이 된 학생들에게 1차전의 배신을 사과하는 모습도 보였습니다. 그 과정에 멸망한 나라 학생들의 감정은 스르륵 풀렸고 자신의 거취 결정에 신중한 모습을 보였습니다. 1, 2차전

RPG를 진행하느라 수업 내용에 소홀할까 걱정된다면

– 골든벨 퀴즈로 알아야 할 것은 놓치지 않기: 학생들이 알고 넘어가야 할 지식적인 내용을 문제 은행 형태로 만들어주고 '골든벨 퀴즈'를 하는 과정을 통해 활동 중심 수업을 하느라 혹시 놓칠 수 있는 부분을 채울 수 있다.

학년 행사로 진행하면서 2인 1조로 운영하여 평소 학습에 관심이 적은 학생도 함께 공부하는 분위기를 만들 수 있다.

을 하루에 치르지 않고 하루 정도의 시간 간격을 두는 이유는 바로 이런 회복의 시간을 갖기 위함입니다.

이때 유민 포섭 정책을 경험한 학생들은 고려 건국을 배울 때 왕건의 혼인 정책을 제대로 이해했고, '왕건 바람둥이네~'처럼 이 대목을 수업할 때 흔히 나오는 장난스러운 반응을 보이지 않았습니다. 유민 포섭이 얼마나 중요한 정책인지 경험으로 알게 된 것입니다.

삼국을 마치자마자, 고려는 어떤 RPG로 할 거냐며 역사가 이렇게 재미있는 줄 몰랐다는 학생들을 보며 당황스럽기도 하고 즐겁기도 했습니다. 미리 책을 읽고 이렇게 저렇게 해보자며 제안을 하는 능동적인 학생들을 보면서 무척 뿌듯하기도 했습니다.

게임의 요소 중 교육 활동에 적용할 만한 것을 생각해보라고 하면 레벨, 포인트 등 보상에 관한 부분을 생각하기 쉽지만, 더욱 중요한 것은 스토리입니다. 초보적인 단계의 RPG임에도 〈삼국 RPG〉가 큰 몰입을 불러 일으킨 이유는 삼국통일이라는 명확한 목표, 영토확장이라는 경쟁요소, 그리고 이미 있는 탄탄한 서사 구조 덕이었습니다.

그렇다면 기본 서사가 없는 내용에 몰입감을 더하기 위해 스토리를 입히는 것도 가능하다는 생각이 들었습니다.

타 수업과 연계하기

미술, 실과 수업과 연계하면 문화재 수업 시수를 좀 더 확보할 수 있어 내실있는 수업이 가능하다. 실과 자료 제작 실습 수업에 '자기 나라 문화재 소개 PPT 만들기' 수업을 할 수 있다.

각 나라의 백성들이 문화재 한 개씩 소개하는 PPT를 만들고, 최종 발표할 때는 파일을 합쳐 각 나라의 문화재를 소개하는 시간 갖는 것이다. 미술 시간에 문화재를 그냥 만들라고 하는 것보다 사전에 계획서 쓰는 시간을 가지면 좀 더 좋은 작품이 나오고, 학생들의 만족도도 높아진다. 이 때 크기나 재료에 대한 구체적인 계획이 꼭 필요하다.

삼국 문화재 전시 장면

삼국시대 문화재 제작 계획서
5학년 반 번 이름 :

내가 만들 문화재 이름 (교과서, 인터넷 참고)			
어느 나라 문화재인가요?			
이 문화재를 선택한 이유는 무엇인가요? (문장으로 쓰세요.)			
어느 정도 크기로 만들고 싶은가요? (구체적으로 쓰세요.)	가로 cm 세로 cm 높이/두께 cm		

문화재를 만들기 위해 필요한 준비물 (크기를 고려하여 넉넉하게 준비하세요. 지점토, 찰흙, 물감, 붓, 팔레트 등) ** 예시처럼 구체적으로 적기	품목	개수	어디서 가져오나요?
	찰흙판	1장	학교
	찰흙칼	1세트	학교
	물티슈	10장 이상	집

내가 만들 문화재와 실제 문화재의 공통점과 차이점은 무엇인가요?	공통점 :
	차이점 :

문화재 제작 기획서

삼국 문화재 전시

사회 골든벨 예상문제

1. 우리 역사의 시작과 발전, 사회 6~75, 사회과부도 30~91)

5학년 ( )반 이름:

1. 인간이 자연환경에 적응하며 발달할 수 있었던 까닭은 도구와 불을 사용할 수 있었다는 것이다. (○)

2. 구석기 시대 사람들은 대부분 동굴이나 바위 그늘에서 살았다. (○)

3. 한반도에는 신석기 시대 유물은 많으나 구석기 시대 유물은 많지 않다. (×)

4. 선사시대는 돌을 떼어 내거나 깨뜨려 (뗀석기) 를 만들었던 구석기 시대와 돌을 갈아 (간석기) 를 만들었던 신석기 시대로 구분된다.

5. 구석기 시대 사람들은 먹을거리가 떨어지면 새로운 먹을거리를 찾아 다른 곳으로 옮겨 다니며 살았다. (○)

6. 구석기 시대에는 실을 만들어 옷감을 짜는 방법을 알게 되었다. (×)

19. 고조선의 영역은 (비파형 동검), (미송리식 토기), (탁자형 고인돌)의 분포를 통해 알 수 있다. 이것들은 고조선의 고조선의 특징을 담고 있는 유적과 유물이기 때문이다.

20. 다음은 고조선의 8조법 중에서 전해 내려오는 3개 조항 중 일부이다. 이를 통해서 알 수 있는 것을 괄호 안에 채우시오.

> 사람을 죽인 자는 사형에 처한다.
> 남을 다치게 한 자는 곡식으로 갚는다.
> 도둑질한 자는 도둑맞은 집의 노비로 삼는데, 죄를 면하려면 50만 돈을 내야 한다.
> ▲ 사람의 (목숨)을 귀하게 여기었으며, 개인 (재산)을 인정하였다.

21. 삼국 중 가장 먼저 세워진 나라는 (신라)이다.

22. 다음 중 각 나라와 건국한 시조가 바르게 짝지어진 것은 어느 것인가요? (1)
   ① 고구려 – 주몽   ② 백제 – 박혁거세
   ③ 신라 – 김수로   ④ 가야 – 온조

23. 고구려의 전성기는 (5세기) 이다

사회 1단원 골든벨 예상 문제 (총 60문제)

도전! 골든벨 **5학년 2학기 사회** 우리 역사의 시작과 발전	**시작합니다!**	선사시대-고조선 **①-⑨번**
①	②	③
선사시대는 돌을 떼어내거나 깨뜨려 뗀석기를 만들었던 **구석기** 시대와 돌을 갈아 만든 간석기를 사용하는 **신석기** 시대로 구분된다.	구석기 시대 사람들은 먹을거리가 떨어지면 새로운 먹을거리를 찾아 다른 곳으로 옮겨 다니며 생활했다. **O**	구석기 시대 사람들은 대부분 동굴이나 바위 그늘에서 살았다. **O**
④	⑤	⑥
신석기 시대 사람들은 옮겨 다니지 않고 강가나 해안가에 **움집** 을 짓고 생활했다.	다음 문장에서 틀린 부분을 찾아 쓰시오. **벼** 〈신석기 시대 사람들은 주로 벼와 수수를 재배하고 가축을 기르기 시작했다.〉	우리나라 최초의 국가는 무엇입니까? **고조선**
⑦	⑧	⑨
단군 왕검은 하늘에 제사 지내는 사람을 뜻하는 **단군** 과 정치 지배자를 뜻하는 **왕검** 을 합친 말이다.	고려시대 승려 일연이 쓴 역사책으로 오늘날 남아 있는 역사책 중에서 고조선, 단군 왕검 이야기가 실려 있는 가장 오래된 책은? **삼국유사**	고조선의 특징을 담고 있어, 고조선의 세력 범위를 파악할 수 있는 유적이나 유물 세 가지를 쓰세요. **비파형 동검** **미송리식 토기** **탁자형 고인돌**
	⑩	⑪
삼국 시대 **⑩-⑪번**	다음 중 각 나라와 건국한 시조가 바르게 짝지어진 것은? ① 신라-김수로 ② 백제-온조 ③ 고구려-박혁거세 ④ 가야-주몽	신라 도읍 경주의 무덤에서 발견된 다음 유물의 이름은? **천마도**

사회 5학년 2학기 1단원 골든벨 출제 문제

체육관에서 골든벨 퀴즈를 푸는 5학년 학생들

독서 행사에 어벤져스 이야기를 입히다 – 송화 어벤져스

> **영역:** 학년 독서행사
>
> **활동목표:** 책과 가까워지고 매일 책을 읽는 습관을 가
> 질 수 있다
>
> ▶ **준비물:** 안내포스터, 스톤퍼즐 벽고, 미션 동영상,
> 요원스탬프 카드, 독서이력기록지 등
>
> **운영기간:** 아침시간, 쉬는 시간, 점심시간
> 3주~4주 (상황에 따라 다양한 운영이 가능
> 함)

고민의 시작

해마다 가을이면 학교는 학년별 독서 행사를 합니다. 학생들의 독서 동
기 유발을 위해 가장 흔하게 사용하는 방법은 보상, 즉 잘한 학생들에게

상을 주는 행사를 하는 것입니다. 아쉬운 점은 저학년은 감상화 그리기, 중학년은 책표지 만들기나 편지 쓰기, 고학년은 독서감상문 쓰기 대회처럼 다양한 대회를 준비한다고 해도 표현의 방식이 주로 글이나 그림으로 한정된다는 점입니다. 대부분의 분야가 다 그렇지만, 특히나 글이나 그림은 단기간 노력으로 실력이 늘기 어렵습니다. 그렇다 보니 해마다 이런 행사에서 상을 받는 아이들은 정해져 있는 경우가 많고, 자연히 상을 주는 대회라고 해서 갑자기 책을 읽어야겠다는 의욕이 생기기 어렵습니다. 꽤 많은 학생들에게 이런 대회는 지루한 시간이 되어버리고 학생들의 독서 의욕을 높이고, 다양한 독후 활동을 통해 표현 능력을 높이고자 하는 대회 본래의 교육적 목적은 어느새 그 의미를 잃어버리게 됩니다.

많은 일들이 그렇지만 독서는 특히 해보지 않으면 그 재미를 알기 어렵습니다. 읽고 잘 표현하는 것이 아니라 책을 읽는 것 자체를 지속하게 만들 수는 없을지 고민하다가, 쉬는 시간 학생들의 놀이를 보고 아이디어를 얻었습니다. 당시 놀이의 대세는 '어벤져스'였습니다.

"나는 타노스다!"

Roll	Playng	Game
어벤져스가 되어	책을 읽고 스톤퍼즐을 완성하여	타노스로부터 지구를 지켜라!
학생들은 어벤져스가 되어 지구를 위협하는 타노스로부터 지구를 구하라는 임무를 맡는다.	매일 책을 읽고 활동지에 기록하고 다양한 독후 활동을 하면 스톤 퍼즐을 채울 수 있다.	타노스가 지구에 도착하기 전 6개의 스톤을 완성하면 지구를 구할 수 있다.

학생들의 호기심을 불러일으키려면?

처음에는 단순하게 학생들이 매일 책을 읽으면 스톤 퍼즐 조각을 모을 수 있고, 그렇게 모은 스톤으로 지구를 구하면 재미있겠다고 생각했습니다. 하지만 그건 아주 흔한 스티커 제도를 학년 전체로 확장시키는 것일 뿐이었습니다. 책과 친하지 않은 친구들을 책을 읽게 만들기 위해서는 조금 다른 접근이 필요했습니다. 평소 책과 친하지 않은 학생들이 책을 읽고 재미를 느끼는 경험을 하게 해주는 것이 이 행사의 목적이 되었기 때문입니다.

게임의 상황이 가상이라는 것은 누구나 알고 있지만 그것이 실제처럼 보일수록 몰입도는 높아집니다. 어쩌면 유치해 보일 수 있는 〈송화 어벤져스〉 게임 스토리에 힘을 싣기 위해서는 실제처럼 보이도록 만들기 위한 아이디어가 필요했습니다.

1. 영화의 한 부분을 활용한 미션 영상

어벤져스 도입 영상

우주 곳곳에 조각나 흩어진 인피니티 스톤을
다시 모으는데 여러분의 도움이 필요합니다.

미션 내용이 들어간 부분

2. 아이들에게 익숙한 캐릭터를 모아놓은 포스터

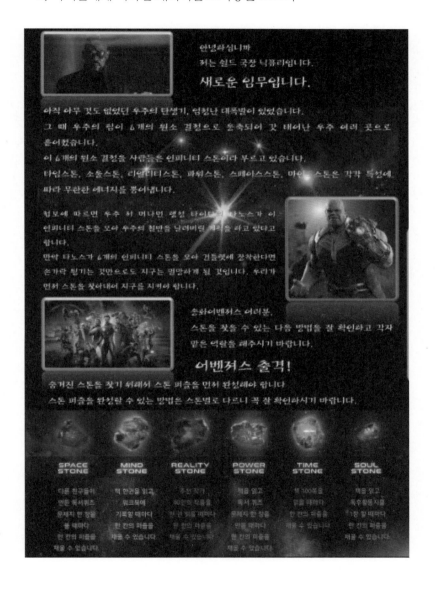

3. 등장인물의 모습이 담긴 스톤 퍼즐

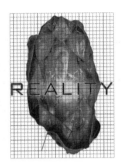

학생의 입장이 되어서 어느 날 등교했더니 복도에 어벤져스 캐릭터가 잔뜩 들어간 커다란 포스터가 붙어 있었다고 상상해 보세요. 교실로 갔더니 담임교사는 쉴드에서 온 메시지라며 짧은 동영상을 보여주는데, 학생들이 그토록 열광하는 마블의 붉은 로고와 익숙한 음악이 나온다면? 그리고 자기들을 어벤져스라고 부르며 쉴드의 국장이 '지구를 구하라'는 미션을 남겼다면 어떨까요?

실제로 학생들은 자신들이 어벤져스라고 상상하며 지구를 구하기 위해 책을 읽기 시작했습니다. 이런 즉각적인 반응은 평소 책을 즐겨 읽기보다는 영상매체에 더 친숙한 학생들이 주로 보였습니다. 책과 조금 멀리 떨어진 학생들을 책으로 초대하려는 초반의 목적이 달성되는 순간이었습니다.

흥미를 습관으로 연결하기 위한 노력

초반의 흥미를 꾸준함으로 이어가는 것도 중요했습니다. 매일 책을 읽고, 다양한 독후 활동도 안내하기 위해 기본 설정을 만들었습니다.

1. 매일 읽은 책의 쪽수를 기록하는 활동지

매일 책과 친구해요

4학년   반   이름 :

날짜	제 목	오늘 읽은 쪽수	합계	확인

< 사용 설명서 >

◀ 매일 읽은 책의 제목과 읽기 시작한 쪽 ~ 마지막 읽은 쪽을 기록합니다.
◀ ( ) 안은 그날 읽은 쪽수를 기록합니다. (마지막 읽은 쪽 - 읽기 시작한 쪽)
◀ 합계는 전날 합계에 오늘 읽은 쪽수를 더해서 기록합니다.
◀ 하루에 두 권 이상 읽었을 경우는 날짜는 한 번만 쓰고 각각 기록합니다.

날짜	제 목	오늘 읽은 쪽수	합계	확인
9 / 12	만복이네 떡집	86 ~ 120 (34)	115	
9 / 13	만복이네 떡집	120 ~ 150 (30)	145	
	와우의 첫책	9 ~ 125 (116)	261	

◀ 합계의 백의 자리 숫자가 바뀔 때마다 스톤을 붙이고 확인을 받습니다.

날짜	제 목	오늘 읽은 쪽수	합계	확인
9 / 11	만복이네 떡집	4 ~ 85 (81)	81	
9 / 12	만복이네 떡집	86 ~ 120 (34)	115	◈
9 / 13	만복이네 떡집	120 ~ 150 (30)	145	
	와우의 첫책	9 ~ 125 (116)	261	◈

==> 9월 11일은 아직 합계가 100쪽이 넘지 않아 타일 스톤 퍼즐을 붙이지 않습니다.
  9월 12일은 합계가 115쪽으로 타일 스톤 퍼즐 1조각을 붙일 수 있습니다.
  9월 13일은 합계가 261쪽으로 타일 스톤 퍼즐 1조각을 붙일 수 있습니다.
  퍼즐 조각을 붙인 날에 확인 칸에 확인 도장을 받습니다.
◀ 책을 끝까지 다 읽으면 워크북에 책 제목(작가이름)을 기록하고
  마인드 스톤 퍼즐 1조각을 붙일 수 있습니다. 잊지 마세요.
  이 때 작가의 이름이 추천 작가 명단에 있는 작가라면
  리얼리티 스톤 퍼즐도 1조각 붙일 수 있습니다. 작가 이름 확인하는 것 잊지 마세요^^

추천작가	수지 모건스틴	레이먼드브릭스	천효정	김우경	김리리	오채
	유은실	유디정	권정생	강정연	미하엘 엔데	로얄드 달
	정은숙	이금이	박현수	오카다 준	서진	김성진
	김옥	앤드류 클레먼츠	한윤섭	이 안	시시 벨	오승희
	진성희	백남님	고정욱	윌리엄 스타이그	송언	채인선
	원유순	김용택	김남중	이현	정하섭	정유경
	노경실	황선미	아스트리드 린드그렌	크리스티네뇌스틀링거		

2. 다양한 분야에 활동해야 얻을 수 있는 요원 스탬프 카드

6개의 스톤 퍼즐 모으기에 모두 기여하면 레벨 1의 요원 카드를 얻을 수 있도록 해서 학생들이 책의 쪽수 말고 다른 활동에도 관심을 가질 수 있도록 했습니다.

스 톤	찾는 방법	도장 받는 곳
타임 스톤	책 100쪽을 읽을 때마다 한 칸의 퍼즐을 채울 수 있습니다.	
	매일 책과 친구요소의 합계의 백칸 자리 숫자가 바뀔 때마다 퍼즐에 있는 스톤책임자에게 확인받고 퍼즐 한 조각 줍니다.	
마인드 스톤	책 한권을 읽고 워크북에 기록할 때마다 한 칸의 퍼즐을 채울 수 있습니다.	
	워크북에 새 학습 기록할 때마다 퍼즐에 있는 스톤책임자에게 확인 받고 퍼즐 한 조각 줍니다.	
리얼리티 스톤	추천 작가 40인의 작품을 한 권 읽을 때마다 한 칸의 퍼즐을 채울 수 있습니다.	
	읽은 책의 작가가 추천 작가에 이름이 있다면 마인드스톤을 받고 리얼리티스톤을 추가로 받을 수 있습니다.	

스 톤	찾는 방법	도장 받는 곳
파워 스톤	책을 읽고 독서퀴즈 문제지 한 장을 만들 때마다 한 칸의 퍼즐을 채울 수 있습니다.	
	교실에 비치된 문제카드 용지에 자신이 읽은 책의 문제를 내고 퍼즐에 있는 스톤책임자에게 제출하면 퍼즐 1조각을 줍니다.	
소울 스톤	책을 읽고 독후활동지를 1장 할 때마다 한 칸의 퍼즐을 채울 수 있습니다.	
	독후활동지에 책을 읽고 난 후 자유롭게 감상을 나타낸 후 스톤책임자에게 제출하면 퍼즐 1조각을 줄 수 있습니다. → 친구들의 모방이 될 정도로 잘 했을 경우, 추가로 퍼즐 1조각을 더 줄 수 있습니다.	
스페이스 스톤	다른 친구들이 만든 독서퀴즈 문제지 한 장을 풀 때마다 한 칸의 퍼즐을 채울 수 있습니다.	
	스톤책임자에게 갈 수 있는 종이를 받아서, 교실에 독서 퀴즈 한 장을 풀어 스톤을 풀고 문제 푼 종이를 퍼즐에 있는 스톤책임자에게 내면 퍼즐 1조각을 줄 수 있습니다.	

3. 책 읽기가 중심이 되는 스톤

　6개의 스톤을 모두 독서 활동으로 연결하는 것이 쉽지 않았습니다. 너무 복잡하면 학생들의 참여가 어려워지기 때문에 최대한 이 활동의 진입장벽을 낮추려고 다음과 같이 쉽게 스톤을 구성했습니다.

6개의 스톤과 연결할 활동 정하기

타임 스톤 – 읽은 책의 쪽수	스페이스 스톤 – 독서 퀴즈 문제 만들기
마인드 스톤 – 읽은 책의 권수	리얼리티 스톤 – 추천 작가의 책
파워 스톤 – 독서 퀴즈 풀기	소울 스톤 – 독후 활동지

　초반 몰입을 위한 설정이나 꾸준한 습관 정착을 위한 설정 등은 꽤 성공적이었습니다. 문제 상황을 예측하고 대비한 것도 효과가 있었습니다. 예를 들면, 지나친 개인 경쟁이 독서에 관심 없는 학생들의 초반 포기를

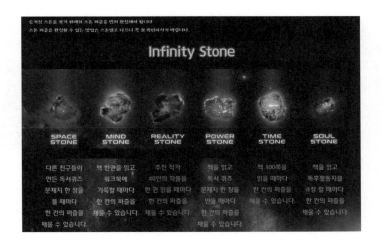

야기할 수 있기 때문에 공동의 목표를 설정했습니다. 그리고 공동의 목표 달성을 위해 노력하다가 개인적인 성취감이 줄어드는 것을 막고자 레벨 1 요원이 되기 위해 만든 요원 스탬프 카드를 만들었습니다. 쉬는 시간이면 책을 읽는 학생들의 모습도 부쩍 늘고, 처음에 어벤져스를 몰라 관심이 없던 학생들도 점차 학년의 공동 목표에 관심을 가지는 모습을 보였습니다.

쉬는 시간에 스톤 퍼즐을 붙이는 학생들

학생들의 독후 활동지 붙여 전시한 복도 벽면　친구들이 낸 독서 퀴즈를 풀고 있는 학생들

위기, 다양한 해결 방법을 고민하다

게임이 재미있는 이유는 여러 가지가 있습니다. 그중 자신의 선택에 따라 스토리나 상황이 달라진다는 점이 게임이 가진 매력 중 하나임은 분명합니다. 하지만 이런 게임의 매력은 대규모 인원이 장기간 게임을 진행할 때는 장애물로 작용하기도 합니다.

처음 진행한 독서 활동 〈송화 어벤져스〉는 4주 동안 260여 명의 학생들이 참여했습니다. 당연히 예상치 못한 문제가 발생했습니다. 이런 문제 해결에 정해진 답은 없습니다. 게이미피케이션을 활용한 수업을 소개할 때 디테일한 부분에 대한 질문을 참 많이 받습니다. 디테일은 게임이 진행되는 양상에 따라 수정 가능하다는 것만 유념하면 좋겠습니다.

〈송화 어벤져스〉 사례는 하나의 사례일 뿐 정답은 아닙니다.

1. 스톤 퍼즐이 완성되는 속도가 너무 달라요
2주 정도 진행되었을 때, 다른 스톤에 비해 쪽수와 권수로 채워지는

어벤져스 비상상황

실드 요원들에게 알린다

타임스톤과 마인드스톤을 타노스에게 가져가던 애보니모가, 스톤을 스스로 차지하려욕심 부리다 스톤의 힘을 이기지 못하고 파괴되었다. 현재 타임스톤과 마인드스톤 파괴된 우주선의 잔해와 함께 지구에 떨어진 것으로 추측된다. 나머지 스톤퍼즐의 글자가 모두 드러나면 스톤의 힘으로 타임스톤과 마인드스톤의 정확한 위치를 알 수 있다. 그러나 시간이 없다. 앞으로 48시간안에 스톤을 찾아야한다. 송아 어벤져스 출격!!

새로운 미션 내용이 들어간 부분

타임 스톤과 마인드 스톤이 채워지는 속도가 너무 빨랐습니다. 거기에 2주 정도 지나고, 이미 요원 카드를 받은 아이들의 관심이 식어가는 것도 보였습니다. 다양한 가능성을 고민하다가 다른 준비가 필요없고, 긴장감도 줄 수 있는 새로운 사건을 만들어 보았습니다.

스톤의 도난이라는 새로운 상황과 제한 시간 48시간이라는 요소는 아이들의 관심을 새롭게 환기시키기에 충분했습니다. 그동안 관심이 없었던 아이들까지도 나머지 스톤의 글자가 나타나게 하려면 어떻게 해야 하는지 묻고, 쉬는 시간을 이용해 활동에 참여했습니다. 마지막 스톤의 글자가 나타나는 순간, 복도에 울려 퍼지는 환호성을 영상으로 남겨두지 못한 것이 너무 아쉬울 만큼, 아이들은 간절히 사라진 스톤을 찾아 지구를 구하는 미션을 완성하고 싶어했습니다.

2. 사라진 스톤을 어떻게 찾아오지?

사라진 스톤을 그냥 다시 벽에 붙여도 좋겠지만, 마무리를 위해 계속

스톤 찾기 1단계 암호 미션

스톤 찾기 2단계 암호 미션

스톤 보호자(교장선생님)에게
암호화 코드 전달하기

스톤을 찾고 기쁨에 환호하는 학생들

몰입감을 높이고 싶어서 암호 풀기 요소를 넣어 새로운 미션을 알렸습니다. 어벤져스에 암호라는 요소가 가미되자, 그야말로 복도는 너도나도 머리를 맞대고 고민하는 토론의 장이 되었습니다. 교사들도 쉽게 풀지 못해 이틀은 걸릴 것이라 예상했던 첫 번째 암호는 아이들에 의해 하루 만에 풀렸습니다. 선착순으로 암호를 해독한 10팀에게만 스톤 보호자의 위치가 담긴 새로운 미션 쪽지를 나눠주었고, 그 미션을 먼저 해결한 두 팀의 아이들은 스톤 보호자인 교장선생님을 찾아가 스톤을 찾아왔습니다.

아이들은 정말 치열하게 암호를 풀었고 역시나 2단계 암호도 하루만에 풀렸습니다. 교장실이라는 곳을 처음 가본 아이들은 어색하기도 했지만, 자랑스러운 기분도 느끼며 친구들의 박수 속에 당당하게 스톤 퍼즐을 되찾아 원래 자리에 돌려놓았습니다.

3. 〈송화 어벤져스〉 마무리는 어떻게?

〈송화 어벤져스〉가 4주 넘게 진행되면서, 처음엔 관심이 없던 아이들도 점차 관심을 보였습니다. 처음 예상보다 아이들이 몰입하는 것을 지켜보면서 프로젝트의 마무리에 대한 고민이 더욱 깊어졌습니다. 마지막 퍼즐 조각을 맞출 때, 자신들의 다양한 성취를 돌아보며 스스로 뿌듯함을 느꼈으면 하는 마음으로 마지막 활동을 계획했습니다. 마지막 퍼즐 조각을 숨기고, 마지막 퍼즐 조각을 완성하라는 미션의 '어벤져스를 찾는다'는 알림을 붙였습니다. 프로젝트 진행 마지막 1주일 동안은 퍼즐 한 조각을 붙일 때마다 자기 이름을 써서

마지막 퍼즐의 주인공을 찾기 위한 활동

칩통에서 마지막 퍼즐의 주인공을 뽑는 활동

넣을 수 있는 칩을 한 개씩 주었고, 마지막 퍼즐을 제외한 퍼즐이 완성되었을 때 학년 전시 공간에 모여 마지막 퍼즐을 완성할 주인공을 뽑았습니다.

작은 이벤트처럼 계획한 이 행사에는 예상보다 아이들이 즐겁게 참여해서 그동안 아이들이 얼마나 활동에 몰입했는지 알 수 있었습니다. 이후 어벤져스 프로젝트로 끌어올린 분위기를 이어가며 다양한 표현 활동을 넣어 독서대회를 계획했습니다. 감상문과 감상화 외에도 책 한 도막 읽어주기, 만화 그리기, 노래 가사 바꿔 부르기, 주인공에게 편지 쓰기 등 다양한 활동을 넣었는데 한 달 이상 매일 책 읽기를 실천한 학생들은 마지못해 독후감을 끄적이는 것이 아니라 정말 즐겁게 독서행사에 참여했습니다. 한마디로 프로젝트는 대성공이었습니다.

〈삼국 RPG〉도 〈송화 어벤져스〉도 어떤 기술이 동원된 게이미피케이션은 아닙니다. 그저 게임의 요소를 적재적소에 활용했을 뿐. 그것도 레벨이나 포인트 등 경쟁 요소인 보상보다는 스토리를 중심으로 활용한 경

마지막 퍼즐 완성 후 포토존에서 찰칵

우라고 할 수 있습니다.

그럴듯한 상황 설정과 스토리가 주는 몰입의 힘은 예상했던 것보다 훨씬 컸고, 교육적인 목표 달성을 위한 매우 좋은 방법이 되어주었습니다. 〈송화 어벤져스〉에서 아이들이 가장 열광했던 암호 문제의 경우 방 탈출 카페에서 풀었던 문제에서 힌트를 얻었고, 퍼즐을 맞추는 시스템 이나 진행 과정은 보드게임의 다양한 규칙에서 아이디어를 얻기도 했습니다. '이렇게 해도 될까?'에서 시작한 시도는 '우와, 이렇게 하면 되는구나!'라는 이해로 이어졌습니다.

〈송화 어벤져스〉 덕분에 책 읽기가 정말 즐거워졌다는 아이들의 글을 다시 읽어봅니다. 재미와 의미, 두 마리 토끼를 다 잡았다는 건 이런 경 우를 두고 하는 말 아닐까요?

학생들의 〈송화 어벤져스〉 활동 후기

2018년 11월 5일 목요일

송화 어벤져스를 마치며

어제까지 송화 어벤져스를 하고 끝났다. 나는 스톤을 다 모아 쉴드 요원이 되어 있었다. 중간중간에 스톤 2개를 타노스의 부하들한테 뺏기고 원래 스톤퍼즐을 붙일 수 있는 조건이 /배 더 늘어나고 어려운 일이 있었다. 하지만 난 이 어려움을 극복하고 쉴드 요원이 되었다.

나는 송화어벤져스를 하면서 배운 점이 많다. 내가 스톤 2개를 빼앗겼다고 했었다. 하지만 지금 빼앗긴 스톤이 제자리에 있을 수 있었던 것은 스톤 암호를 푼 친구들이 스톤을 찾기 위해 열심히 뛰고 노력하고 해석하고 스톤을 찾아야 된다는 마음가짐을 마음에 품고 열심히 노력했다.

나는 평소에 끈기가 없다. 하지만 송화어벤져스는 책을 열심히 읽어야지만 될 수 있다. 그래서 아무리 긴 책이라도 포기하지 않고 계속 읽는 것을 배웠다. 따라서 나는 하면 된다. 포기하지 말고 끝까지 하자라는 걸 배웠다.

 이번 송화 어벤져스를 하면서 미션을 실행해가는 과정도 재미있었고 여러 많은 책들이 재미있게 느껴졌다.

2018년 11월 17일

임시연! 드디어 쉴드 요원이 되다

내가 10월에 학교에 처음 가서 독서행사로 책을 읽고 다양한 방법으로 스톤 퍼즐을 찾고 쉴드 요원이 되는 프로젝트를 하고 있었다. 처음엔 이 스톤을 어떤 방법으로 모아야 되는지 잘 몰랐었는데 친구들이 하는 것을 보고 열심히 스톤을 모아 드디어 쉴드 요원 카드를 발급받으니 너무 뿌듯하고 행복했다.

우리 반 친구들이 대부분 쉴드 카드를 받아서 이 독서 프로젝트가 친구들에게 의미있는 프로젝트인 것 같고 독서를 하는 데 좋은 영향을 준 것 같다. 나 또한 TV나 휴대폰을 보는 시간이 많았는데 독서 활동을 통해서 책도 많이 읽게 되고 작가들의 생각이나 메시지들을 이해하게 되는 계기가 된 것 같다. 다른 스톤들은 모으기 쉬웠는데 소울과 스페이스 스톤은 모으기 어려웠다. 특히 스페이스 스톤은 친구들이 내는 독서퀴즈 문제가 내가 읽은 책들과 겹치는 부분이 없어서 문제 풀기가 너무나 어렵고 힘들었다. 그러나 문제가 고르고 골라 내가 아는 문제를 찾아 답을 쓰는 게 가장 힘들고 기억에 남는 것 같다. 독서행사를 마치면서 내가 배운 점은 독서를 잘하지 않았던 내가 책을 읽고 주인공이 되어 슬프기도 하고 기쁘기도 한 감정들을 나누고 친구들과 책에 대한 많은 이야기를 나누면서 공감하고 친구들과 더 친해진 것 같다.

학교를 10월에 와서 스톤 모으기를 친구들과 같이하면서 추억도 쌓고 책에 대한 지식이나 경험 등을 조금씩 쌓게 되면서 내가 조금 더 성숙해진 것을 느꼈다. 또다시 독서 프로젝트를 하게 된다면 좀 더 적극적으로 참여하며 친구들과 책에 대한 많은 이야기를 나누고 싶다. 이 프로젝트를 준비하신 선생님께 감사함을 드리고 싶다.

3. 플레이어를 위한
온라인 무기
게이미피케이션 소프트웨어

게이미피케이션과 GBL

게이미피케이션이 게임 요소를 교육에 활용하여 학생의 흥미와 참여를 높이는 교육의 한 방법이라면 GBL(Game Based Learning)은 직접 게임을 하면서 학습 효과를 높이는 교육 방법입니다. 두 방법 모두 학생의 흥미와 집중력을 높일 수 있다는 공통점이 있습니다.

게이미피케이션은 교수–학습뿐 아니라 학급 운영에도 적용할 수 있으며 온·오프라인이 함께 활용됩니다. GBL은 학습자가 직접 게임을 플레이하면서 주로 온라인 게임이나 게임앱, 보드게임 등 모든 게임을 직접 학습에 활용하여 교육적 효과를 높이는 방법입니다.

여기서 소개되는 온라인 도구들은 수업을 비롯한 학교생활에서 유용하게 사용할 수 있는 게이미피케이션과 GBL 관련 웹사이트 혹은 앱입니다. 학습 현장에서 두 방법을 굳이 구분하는 것은 불필요하고, 선생님들의 지도 계획에 맞춰 적절한 도구들을 선별해서 사용하는 것이 좋습니다.

교실 게이미피케이션을 위한 온라인 도구

클래스123

〈클래스123〉(class123.ac)은 게이미피케이션 수업에 필요한 다양한 학급 경영 도구를 무료로 제공하는 사이트입니다. '으쓱'과 '머쓱' 포인트를 활용하여 학생들의 학교생활을 지도할 수 있습니다.

클래스123 시작 화면

1. 기본 기능 활용하기

칭찬 포인트인 '으쓱'과 벌점 포인트인 '머쓱'을 주로 활용하며, 으쓱의 내용은 선생님이 정할 수 있습니다. 왼쪽 상단 학급명에 마우스를 갖다 대고 '학급 설정'을 클릭하여 입력할 수 있습니다.

• **학생 정보**: 학생 보기를 아바타 보기와 사진 보기로 설정할 수 있으

며, 학생 개별 사진을 업로드
할 수 있습니다.

으쓱 카드 선택 화면

• 쑥쑥 카드: 카드를 새롭게
추가하거나 기존 카드를 삭제
할 수 있습니다. 선생님의 학
급 경영 철학에 따라 으쓱 카드의 종류를 정할 수 있습니다. 우리 학급의

경영 우, 학생들이 제출할 기본
과제(일기, 독서록)의 제출 여부
를 스스로 체크할 수 있는 카
드를 넣었습니다.

다른 학급의 '카드 가져오기'
기능을 사용해 새로운 학급을
생성할 때 기존 학급의 카드를
가져올 수 있습니다.

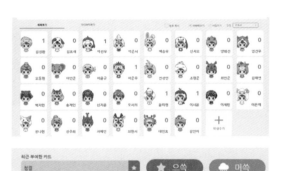

• 카드 부여하기: 학생 이름
을 클릭하고, 주고자 하는 카드
를 선택합니다. 최근에 준 카
드를 줄 수도 있으며 여러 카
드 중에 골라서 줄 수 있습니
다. '한 장 주기'와 '여러 장 주

(위) 쑥쑥 카드를 위한 학생 선택 화면, (아래) 쑥쑥 카드 '여러
장 주기' 화면

교실 게이미피케이션

기'를 통해 실시간으로 카드를 주거나 오프라인에 기록된 카드를 한 번에 주는 것도 가능합니다.

카드를 부여하면 화면에 학생 이름과 카드 이름이 표시되고 누적 상황이 기록됩니다.

점수 초기화: 보이는 점수를 0으로

• 리포트 확인하기: 누적된 모든 기록을 보여주면 포인트가 높은 학생에게는 좋지만 포인트가 낮은 학생들은 의욕이 떨어질 수 있습니다. '점수초기화' 기능으로, 보이는 점수를 주 단위나 월 단위로 초기화하고 새롭게 시작할 수 있습니다. 누적된 기록은 리포트 기능을 통해 언제든지 확인할 수 있습니다.

2. 우리 반의 점수, 학급 온도계(황금알)

으쓱 카드와 머쓱 카드를 통해 개인의 포인트가 누적되고 선생님의 지도 계획에 따라 기간 설정을 하면, 화면에 보이는 포인트 누적 기간을 정할 수 있어서 포인트가 낮은 학생에게도 아직 얼마든지 해낼 수 있다는 독려를 통해 동기 부여를 할 수 있습니다.

학생들에게 개별로 쌓이는 포인트는 학습 포인트

(위) 황금알 제시 화면, (아래) 황금알 목표 설정 화면

인 황금알 포인트가 됩니다. 친구들이 으쓱 포인트를 받으면 우리 반의 황금알 포인트가 올라가기 때문에 질투를 하는 일이 없고, 내 포인트가 현재 낮다고 해도 황금알을 올리기 위해 지속적으로 노력할 수 있습니다. 학생들이 모은 황금알로 우리 반 학생들이 원하는 공동의 목표를 설정하여 단합을 유도하는 것도 좋습니다.

3. 게임의 요소가 있는 발표 뽑기

랜덤 뽑기 기능이나 학생 섞기, 그룹 뽑기, 우리반 룰렛, 사다리 타기를 통해 발표도 게임처럼 할 수 있습니다. 랜덤 뽑기는 뽑기 대상이 다시 뽑히지 않기 때문에 학생들에게 공정한 발표 기회를 줄 수 있으며, 긴장 요소를 통해 재미와 몰입감을 줄 수 있습니다. 적당한 시점에 뽑기 대상 초기화를 해도 좋습니다. 지루했던 수업, 조마조마했던 수업 발표도 학생들에게는 놀이가 됩니다. 또한 학생 섞기 기능과 자리 배치 기능을 통해 학생들이 짝을 선택하고 자리를 정할 수 있는 기능도 있습니다.

발표 뽑기 화면

4. 그 밖의 기능

게임 요소 외에도 학생용 앱과 학부모용 앱을 활용한 학부모님과의 소통, 알림장, 학생들의 과제 제출, 타이머, 소음 측정 등 유용한 기능이 많이 있어 학급을 게임처럼 운영하기 위해서 사용할 수 있는 종합 선물 세트입니다.

특히 타이머에 있는 소음 측정 기능은 우리 반이 얼마나 시끄러운지 모르는 학생들에게 소리를 화면으로 보여줌으로써, 안정적인 교실 운영에 도움을 줄 수 있습니다.

소크라티브

가입하면 무료로 사용할 수 있는 〈소크라티브〉(socrative.com)는 유료 버전이 있으나 무료 버전으로도 충분히 사용이 가능합니다.

〈소크라티브〉 초기 화면

선생님이 가입하여 룸 코드를 설정하면 학생은 학생 앱을 설치하여 사용하거나 웹 접속 후 학생 로그인을 통해 선생님이 공유한 룸 코드를 입력하는 방법으로 참여할 수 있습니다.

〈소크라티브〉의 기능 선택 화면

학생들과 간단한 설문 조사가 필요하거나 퀴즈 활동을 할 때, 학생들의 의견을 브레인스토밍하거나 선택해야 할 때 사용할 수 있는 유용한 기능들을 제공하고 있습니다. 가입하고 언어설정을 하면 한글화가 되어 어렵지 않게 사용할 수 있습니다.

• 퀴즈: 선생님이 직접 만들어 놓았거나 다른 선생님이 만든 퀴즈를 가져와서 실행할 수 있으며, 정답을 입력하면 자동 채점이 가능합니다. 설정에 따라 '골든벨' 형식, 또는 자율적

〈소크라티브〉에서 퀴즈 가져오기와 공유하기, 생성하기

교실 게이미피케이션

으로 문제를 풀게 할 수 있습니다. 간단한 평가를 보고 설명해주기에도 좋습니다.

메뉴에서 퀴즈를 선택하고 '퀴즈 추가'를 누르면 '신규생성'과 '가져오기'가 있습니다. 신규생성을 선택해 객관식, 참/거짓, 단답 문제 중 적당한 것을 선택하여 입력을 하고 정답을 체크하면 자동으로 채점이 됩니다. 단답의 경우 복수 정답을 입력할 수 있습니다.

가져오기를 선택하고 퀴즈의 고유번호인 soc-xxxxxxxxx를 입력하면 사본으로 추가됩니다.

퀴즈를 실행하면 리스

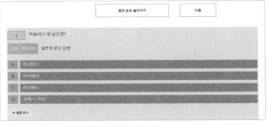

(위) 퀴즈 실행 시 기능 선택 화면, (중) 퀴즈 진행 시 교사 화면, (아래) 퀴즈 리뷰 화면

트에 있는 퀴즈를 선택하고 전송 방법 및 설정을 선택해야 합니다. '즉시 피드백'은 학생들이 한 문제 한 문제 결과를 확인하는 방법이며 '네비게

〈소크라티브〉의 단답 기능

이션 열기'에서는 학생들이 문제를 모두 풀고 결과를 확인할 수 있습니다. '교사 시간 조정 허용'은 골든벨을 진행할 때 선생님이 진행하며 문제를 제시하는 방법입니다. 하나하나의 옵션을 선생님이 선택하여 사용할 수 있으며, 혹시나 모를 상황에 대비하여 '문제 섞기'나 '답 섞기' 옵션도 있습니다. 학생이 문제를 풀기 시작하면 교사는 학생들의 진행 상태를 확인할 수 있습니다. 문제 진행 상황, 정답 상황 등을 체크할 수 있고 이름표시나 답 표시 등도 선택합니다.

퀴즈가 끝나면 문제 번호를 클릭하여 리뷰를 해줄 수 있습니다. 정답률이 낮은 문제를 복습하는 기능입니다.

퀴즈의 결과는 엑셀로 다운받거나 학생별로 결과값을 저장할 수 있습니다. 결과는 다운로드받거나 구글드라이브에 저장할 수 있습니다.

• 스페이스 레이스: 퀴즈 기능에 팀 경쟁 기능을 추가한 메뉴입니다. 팀을 이뤄 퀴즈를 풀 수 있어 모둠별 퀴즈 게임을 진행하기에 좋으며, 팀원들의 점수의 합이 표시되어 레이스가 진행되는 과정을 볼 수 있습니다.

• 종료 티켓: 강의 후 간단한 강의 평가를 받아 볼 수 있습니다.
○빠른 문제 메뉴에 있는 세 개의 메뉴인 객관식, 참/거짓, 단답 기능은 클릭커의 기능입니다. 메뉴별로 각각의 문제를 제공하고 객관식은 5개

중 1개, 참/거짓은 둘 중 하나를 답으로 선택하면 바로 결과가 표시됩니다. 단답형의 경우 질문에 대한 학생들의 답변을 확인할 수 있습니다.

미리 준비된 화면에 문제를 제시하고 학생들이 〈소크라티브〉를 통해 답을 제시하면 빠르게 결과를 확인할 수 있습니다. 단답 기능은 학생들의 답변 중 중복된 것을 제외하고 객관식으로 최종 투표를 진행할 수 있다는 장점이 있습니다. 학급회의 때 의견을 받아 정할 때나 현장 학습 장소를 정할 때 등 활용도가 높은 기능입니다.

카훗

〈카훗〉(kahoot.com) 역시 기본 기능을 무료로 사용할 수 있는 퀴즈용 웹 프로그램입니다. 카훗의 장점은 퀴즈를 만들 때 유튜브 동영상을 첨부할 수 있고 학생들은 가입 없이 핀코드 입력만으로 사용이 가능하다는 점입니다. 교사가 퀴즈를 실행하면 생성되는 게임핀을 통해 학생들이 접속할 수 있으며, 게임 결과는 바로 확인이 가능하고 교사 계정에 저장되어 언제든지 활용할 수 있

(위) 〈카훗〉 메인 화면, (중간) 〈카훗〉의 게임 보드 선택, (아래) 〈카훗〉의 핀코드 번호

습니다. 개인전이 가능한 클래식 모드와 모둠으로 활용이 가능한 팀 모드가 있습니다.

게이미피케이션 요소를 활용한 학습 사이트

클래스카드

무료로 이용 가능한 게이미피케이션 적용 학습 사이트 〈클래스카드〉(classcard.net)는 게임을 활용하여 즐겁게 학습할 수 있는 웹 및 앱입니다. 선생님들은 무료로 사용이 가능하며, 회사에서 제공하는 출판사별 영어 단어 카드뿐만 아니라 클래스카드 사용자 선생님들이 제작한 다양한 교과의 카드를 활용하여 학생들이 학습할 수 있는 서비스를 제공합니다.

(위) 〈클래스카드〉 초기 화면, (아래) 〈클래스카드〉 단어장 리스트

선생님이 사이트 내에서 학급을 만들고 학생들이 가입을 하여 앱을 설치하면, 선생님이 제시한 과제 카드를 스마트폰 등의 개인 기기를 활용해 암기 학습을 할 수 있습니다.

〈클래스카드〉 학습 방법 선택

특히 게임 요소가 활용된 퀴즈배틀은 선생님이 가입하지 않더라도 설치 과정 없이 웹 접속 및 코드 입력만으로 학생들이 쉽게 이용할 수 있습니다.

단어장과 퀴즈배틀을 순서대로 선택하면 학생들은 배틀 코드와 닉네임을 입력한 후 참여할 수 있습니다. 게임이 끝나면 학급의 전국 등수와 개별 결과 확인이 가능하고 선생님이 그 결과를 저장할 수 있습니다.

〈클래스카드〉 배틀에서 제공하는 전국 퀴즈 배틀은 결과에 따라 회사에서 상품이 제공되어 학생들의 동기 유발에 탁월합니다.

1. 수업 시작 때 사용하기

전시 학습 내용을 퀴즈로 만들어서 수업 전 복습을 위해 활용할 수 있습니다. 퀴즈를 통해 가볍게 접근하면서 배운 내용을 복습하다 보면 새로 배울 내용도 쉽게 이해할 수 있습니다.

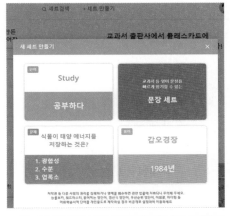

2. 수업 마무리 퀴즈로 사용하기

오늘 배운 내용을 리뷰하고 반복 퀴즈를 통해 중요한 내용을 자연스럽게 외울 수 있도록 활용할 수 있습니다.

(위) 세트 만들기 선택, (아래) 문제 세트 만드는 방법

3. 퀴즈 만드는 방법

기존의 단어장을 사용하지 않고 나만의 퀴즈
를 만들기 위해서는 반드시 회원 가입을 해
야 합니다.

기존 단어장을 사용하려면 세트 검색을,
새롭게 만들기 위해서는 '세트 만들기'를 선
택합니다. 기존 문제 파일에서 복사와 붙이
기를 통해 쉽게 문제를 만들 수 있으며, 단어
장이나 용어사전 등도 쉽게 만들 수 있습니
다.

〈클래스카드〉 배틀로 학습하는 모습

칸아카데미

〈칸아카데미〉(khanacademy.org)는 미국에서 만들어진 K−12(유치원에서부
터 12학년까지의 교육 체계) 대상의 무료 학습 사이트입니다. 교사와 학생
모두 무료로 이용할 수 있으며, 학생들은 배지와 포인트를 획득하면서
개별 맞춤형 학습을 할 수 있습니다.

2019년 현재 칸아카데미의
한국 사이트(ko.khanacademy.
org)에서는 수학과 컴퓨팅,
SAT가 무료로 제공되고 있으
며, 선생님이 학급을 만들어
코치로 등록하면 학생들의 학

수학	미국 학년별 수학	컴퓨팅
기초 수학	칸아카데미 키즈	컴퓨터 프로그래밍
연산	미국 유치원	컴퓨터과학
기초 대수학 (Pre-algebra)	미국 1학년	아워 오브 코드
대수학 입문 (Algebra basics)	미국 2학년	
대수학 I	미국 3학년	테스트 준비
기초 기하학	미국 4학년	SAT
선형대수학	미국 5학년	
확률과 통계	미국 6학년	
	미국 7학년	
	미국 8학년	

〈칸아카데미한국〉의 제공 과목

교실 게이미피케이션

습 현황을 볼 수 있고 과제를 내줄 수도 있습니다. 학부모도 자녀를 등록하면 자녀의 학습 현황을 볼 수 있습니다.

글로벌 칸아카데미에서는 한국에서 제공하는 과목 외에도 과학, 역사, 예술, 경제 등 다양한 교과목을 게이미피케이션 요소와 함께 학습할 수 있습니다.

듀오링고

〈듀오링고〉(duolingo.com)는 누구나 무료로 외국어를 배울 수 있는 학습 사이트로, 웹뿐만 아니라 안드로이드, IOS에서는 앱을 설치해서 학습할 수 있습니다.

게이미피케이션의 도구로 이용할 수 있는 포인트와 배

〈듀오링고〉의 기본 학습 환경

지, 경쟁 요소가 모두 들어가 있는 학습 사이트입니다.

한국어로 설정하면 영어 학습만 가능하지만, 언어 선택을 영어로 하면 30개 이상의 언어를 학습할 수 있습니다. 목표를 세우고 매일 조금씩 학습할 수 있으며, 학습할수록 포인트가 쌓이고 배지를 수집할 수 있습니다. 쌓인 포인트로는 마켓에서 아이템을 구매할 수 있습니다.

어느 정도 학습하게 되면 리더 보드가 열리면서 친구나 다른 유저들을 초대해서 순위 경쟁을 할 수 있습니다.

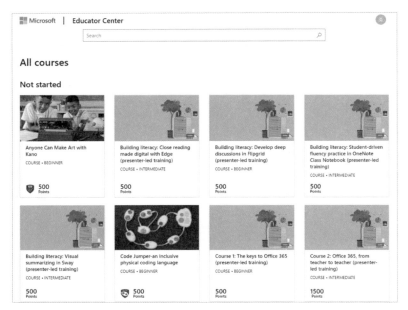

마이크로소프트 〈에듀케이터 센터〉의 코스(영문)

마이크로소프트 에듀케이터 센터

학생용 학습 사이트는 아니지만 마이크로소프트의 〈에듀케이터 센터〉 (education.microsoft.com)에서도 게이미피케이션 요소인 포인트와 배지를 활용하고 있습니다.

센터에서 제공되는 각 학습 코스를 이수하면 배지와 포인트 를 누적할 수 있고, 프로필에서 이를 확인할 수 있습니다.

마이크로소프트의 에듀케이터 인증 배지

교사들은 이곳에서 미래학
습 역량과 마이크로소프트가
제공하는 학습 방법 및 디지
털 기술들을 학습할 수 있으
며, 일정한 점수를 확보하면

**Microsoft Innovative
Educator Expert 2019-
2020**
Completed on: 8/24/2019

매년 선정되는 MIEE 교사 배지

마이크로소프트 인증 교사 배지를 획득할 수 있습니다.

마이크로소프트 인증 교사는 매년 마이크로소프트에서 인증하는
MIEE 교사를 신청하여 자격 배지를 받을 수 있습니다. 선생님들도 학습
자의 입장에서 포인트와 배지를 모으고 마이크로소프트 인증 교사에 도
전해 보세요.

앱을 활용한 간단한 게임 활용 학습 도구

네이버 뽑기

모바일 네이버(m.naver.
com)에서 '네이버 뽑기'를
검색하면 간단한 9개의 게
임을 활용할 수 있습니다.
학급에서 사다리게임, 모
둠 뽑기, 넌센스 퀴즈 등을
활용할 때 가입이나 설치

〈네이버 뽑기〉의 선택 화면

없이 편리하게 활용할 수 있습니다.

버추얼 윷

윷놀이 앱을 통해 소음 없이 책상에서 윷놀이를 비롯한 민속놀이와 간단한 게임을 체험할 수 있습니다. 전통놀이를 앱으로 체험하면서 재미있게 익혀볼 수 있습니다.

〈버추얼 윷〉 플레이스토어 화면

심시티빌드잇

초등학교 4학년 사회 과목의 「신도시 건설 및 지방자치」를 게임 앱을 통해 학습할 수 있습니다.

〈심시티빌드잇〉 플레이스토어 화면

〈심시티빌드잇〉 게임 속에서 신도시 건설의 기본인 도로 및 시설 등을 기획하고 건설하는 체험뿐만 아니라 게임이 진행됨에 따라 산업을 육성하고 세금을 걷고 시민의 만족도를 올리는 지방자치 활동을 학습할 수 있습니다.

캐치잇 잉글리시

영어 학습을 게임처럼 즐
겁게 학습할 수 있도록 만
든 영어 학습 앱입니다. 친
구와 함께 차례를 주고받는
배틀 게임 형식으로, 매일 5

〈캐치잇 잉글리시〉 플레이스토어 화면

분은 무료로 이용할 수 있습니다.

　교실에서 학습하고 도서관에서 복습하고 퀴즈룸에서 문제를 풀고 배
틀룸에서는 친구 및 AI와 대전을 펼칩니다. 친구들끼리 문제를 주고 받
으면서 콤포를 올리고 레벨을 올리는 재미있는 영어 학습 앱입니다. 마음
먹고 공부해도 포기하기 쉬운 어학 공부를 게임을 활용해서 포기하지 않
고 지속할 수 있습니다.

게임을 활용한 수학 학습

프로디지

〈프로디지〉(prodigygame.com)는
무료로 학습할 수 있는 모험 놀이
수학 게임 사이트로 모든 기기에
서 즐길 수 있으나 영어만 지원합
니다. 학생들이 영어로 된 수학 용

〈프로디지〉의 모험 화면과 문제풀이 화면

수학 게임 배틀을 하는 학생들

어를 어려워할 때는 새 창을 띄워서 용어 검색을 시키면 수학과 영어를 동시에 학습할 수 있습니다.

교사가 학급을 만들어 학생들의 학년 등을 미리 세팅하면 학생들이 맵을 선택하고 몬스터를 만나 배틀을 시작합니다. 몬스터를 이기기 위해서는 수학 문제를 풀어야 합니다. 주어진 문제를 해결하여 몬스터를 공격하고, 이기면 포인트를 획득하면서 레벨업을 할 수 있습니다. 학습 내용이 누적 저장되기 때문에 수준별 학습이 가능하고, 선생님도 학생들의 학습 내용을 확인할 수 있습니다. 친구들과 같은 맵에 접속을 하면 함께 몬스터와 배틀을 할 수도 있고, 친구와 수학으로 배틀을 할 수 있습니다. 학생들이 가장 좋아하는 게임 중 하나입니다.

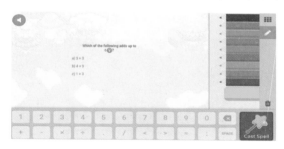

〈프로디지〉의 모험 화면과 문제풀이 화면

교실 게이미피케이션

망가하이

선생님은 〈망가하이〉(mangahigh. com)에 무료로 회원 가입을 하고 학급을 개설하여 학생에게 수업 코드를 줄 수 있습니다. 수학과 관련된 다양한 게임을 통해 학생들이 수학을 즐기면서 학습할 수 있습니다.

〈망가하이〉 시작 화면

매스게임스

〈매스게임스〉(mathgames. com)는 학년별, 영역별 수준에 맞는 다양한 게임이 영어로 제공되는 종합 수학 오락실입니다.

선생님이 학급을 만들면 학생들의 수준을 파악할 수 있으나 무료 버전에서는 한

〈매스게임스〉 게임 선택 화면

계가 있습니다. 또한 무료 버전으로 학생들이 학습할 때는 광고가 나오는 단점이 있습니다.

쿨매스게임스

쿨매스게임스(coolmathgames.com)는 직접적인 수학 공부보다는 수학적

사고력을 키울 수 있는 다양한 수학 게임을 제공하는 사이트입니다. 순차, 반복, 논리 등이 필요한 게임을 통해 수학적 사고와 컴퓨팅 사고력 등을 재미있게 키울 수 있습니다.

〈쿨매스게임스〉의 메인 화면

달라진 세대에 맞춰 변화하는 교실 풍경

디지털 네이티브 학생들은 빠른 피드백과 단기적 목표 수립 및 달성에 익숙해 게이미피케이션과 게임 활용 학습에 최적화되어 있습니다. 지루한 학습이 아닌 게임을 활용하면 학생들의 집중력이 향상되고 몰입하는 모습을 볼 수 있습니다.

달라진 세대에 맞춰 앞서 소개한 다양한 학습용 게임과 게이미피케이션 도구, 그리고 새로운 게임 활용 학습 도구가 많이 개발되고 있습니다. 학급 운영과 수업에 적절히 활용한다면 구태의연한 학습을 벗어나 모두가 참여하는 즐거운 교실을 만들어나갈 수 있을 것입니다.

4. 우리 교실이 달라졌어요

학급 운영 게이미피케이션

게임으로 학급 운영을 하면 좋은 점

해마다 3월이 가까워지면 교사로서 새 업무와 새 학생을 맞을 준비에 들뜨는 마음은 경력과 상관없이 늘 같습니다. 교과 수업을 준비하는 것은 아이디어도 제법 많이 떠오르고 올해는 이렇게 해봐야지 하는 계획으로 의욕도 넘칩니다.

그런데 담임교사로서 준비해야 하는 것들은 딱히 무엇을 해야 할지 잘 생각나지 않고, 이번에는 무탈하게 잘 지나갈 수 있도록 학생이 배정되었으면 하는 마음도 살짝 생깁니다. 솔직히 말하면 많이 생깁니다. 그럴 때마다 전에는 열정과 도전의식으로 학급을 운영했는데 지금은 왜 힘겹게 느껴지는지 생각에 잠기게 됩니다.

여러 가지 이유가 있겠지만 중등 교사는 전공 교과를 가르치기 때문에 늘 교과 수업을 고민하게 됩니다. 반면 학급 운영은 운영 지침서가 있는 게 아니라서 담임 재량껏 학교 전달 사항과 행사를 안전하게 잘 치르면 됩니다. 이 때문에 학급에 배정된 학생들의 성향이나 욕구를 파악하려는 시도나 노력은 수업 연구만큼 잘 하지 않게 되는 것 같습니다.

올해는 무슨 복인지 우리 반 학생들이 너무도 착하고 예쁩니다. 담임을 잘 따르고 사고도 없는 편입니다. 학급에 큰 사고가 없어서일까요? 마음에 조금 여유가 있어서인지 학생들의 노는 모습이 보입니다. 학기 초에는 새로운 반에 배정된 아이들이 어색해서 친한 친구들과 몰려 있거나, 다른 반에 있는 친구를 만나 교실 밖에서 놀곤 합니다. 내 교실인데도 복도에 나가 놀고 다른 교실에 가서 장난을 치는 학생들을 보면 마치 자기 집이 편치 않아 배외하는 것 같아 안타깝습니다. 아이들을 도와주고 싶다는 생각이 들었습니다. 그래서 뭔가 놀 거리를 주면 어떨까 싶어 공깃돌 세트를 3개 정도 나누어 주었습니다. 한 달이 넘도록 학생들이 교실 바닥에 앉아 이 놀이를 할 줄이야. 그것도 남학생이 더 많이. 참 의외였습니다. 공깃돌 놀이가 한참을 이어가서 다른 놀이로 전환을 해야 할 것 같아 학급비로 노래방 마이크를 사서 주었습니다.

그런데 이건 실패였습니다. 아이들이 회의해서 나온 결과물인데도 그다지 많이 활용하지 않았습니다. 남 앞에서 노래 부르기 좋아하는 외향적 아이들의 놀이지 다 함께 즐기는 놀이는 아니었기 때문입니다. 그다음으로 준비해준 놀이는 실뜨기였습니다. 실뜨기 책도 함께 준비해 주었습니다. 이번엔 호응이 괜찮았습니다. 둘이 할 수 있고 창의적으로 모양을 만들어가는 과정이 즐거워 보였습니다. 담임인 제 눈에는 소란스럽게 뛰지 않고 고래고래 소리도 지르지 않고 노는 모습이 평화롭고 사랑스러워 보일 정도였습니다.

이런 일련의 과정을 거치며 우리 반은 특별한 사고 없이 한 학기를 보냈습니다. 편안하고 안정적인 분위기 속에서 생활하는 아이들을 보면서 '학생들에게 적절한 놀이를 제공해주면 학급 분위기가 달라질 수 있겠구나' 하고 생각하게 되었습니다.

그래서 좀 더 즐겁고 재미있게 학급 놀이를 할 수 있는 교육적인 방법을 고민하기 시작했습니다. '게임의 요소를 넣어 학급 운영을 하면 어떨까?' 이렇게 시작한 것이 학급 운영 게이미피케이션입니다.

학급 운영 게임화의 범위

'학생들의 무엇을 변화시키고 싶은가?' 게이미피케이션의 교육 범위를 설정하는 것은 매우 중요하다고 생각합니다. 저의 경우, 학급 운영의 게임화를 통해 친목과 유대감을 갖게 하여, 선한 공동체를 지향하는 인간형으로 변화시키고 싶었습니다. 조금 거창하게 들릴 수도 있지만, 친목을 바탕으로 한 유대감은 문제를 유연하게 해결해주고 배려와 이해심을 갖게 합니다. 교사의 지도에 무조건적으로 순응하던 수동적인 학생이 게임에 스스로 참여하는 과정을 통해 자신을 발견하고 자기 주도적으로 학교생활을 즐기게 됩니다. 게임을 통해 강한 유대감을 갖게 된 학급은 그야말로 슈퍼 울트라 막강 파워를 갖습니다. 학교 행사에 적극적으로 참여하려는 분위기가 만들어지고, 행사 결과가 좋지 않더라도 분위기가 아이들 말대로 '짱'입니다. 친목으로 인한 유대감이 생겼기 때문입니다. 학급 운영 게이미피케이션은 학생들의 주인의식, 재미, 보상, 관계 중심을 포인트로 합니다.

학급 운영 게이미피케이션의 유의할 점

학급 운영을 게임화할 때 유의해야 할 점이 몇 가지 있습니다.

우선 경쟁의 의미입니다. 게임에서 경쟁은 빼놓을 수 없는 요소입니다. 하지만 그것을 어떻게 활용하느냐에 따라 그 역할은 달라질 수 있습니다. 학급 운영 게이미피케이션에서의 경쟁은 상대를 이겨야 승리하는 것이 아니라 스스로 세운 목표에 도달해야 승리하는 것이고, 그 결과 배지를 획득할 수 있습니다.

보상은 임무를 완수하면 획득할 수 있습니다. 즉, 상대 평가가 아닌 절대 평가로 보상을 줍니다. 물론 상대 평가로 보상을 받는 경우도 있습니다. 하지만 학급 운영 게이미피케이션에서는 자기 스스로 해야 할 역할에 충실하였는가에 대한 보상을 중시합니다.

게임에 대한 부정적 인식의 원인 중 하나는 건강하지 못한 몰입 때문일 것입니다. 건강하지 못한 몰입은 현실에서의 불만족감을 해소하기 위해 게임을 하고, 정상적인 일상생활을 방해하며 인간관계를 단절시킵니다. 그렇다면 건강한 몰입은 무엇일까요? 심리적으로 만족감을 추구하고자 게임을 하고 생활의 활력을 제공하는 것입니다.

학급 운영 게이미피케이션은 학생들이 학급에 감정적으로 애착을 느끼는 정서적 몰입을 지향합니다. 학급 운영 게임화를 통해 학급 구성원들은 애착심, 소속감, 행복감을 느끼게 됩니다. 이러한 정서적 몰입은 구성원들 간에 더 강한 유대감을 갖게 합니다.

학기 초 학급 분위기 조성을 도와주는 게이미피케이션

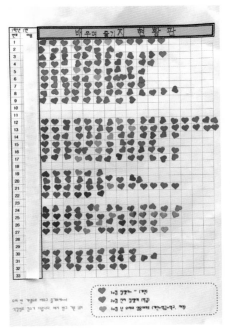

배(우며) (즐기)지 현황판

학급 운영에 다양하게 활용할 수 있는 게이미피케이션 도구는 리더 보드입니다. 리더 보드(배지 현황판)는 벽에 게시하여 게임이 이루어질 때 배지 획득 현황을 보여줍니다. 배지 획득이 시각화되는 것 자체가 좋은 피드백이 되어 공동체의 행동화를 촉진시킵니다. 게임뿐만 아니라 학급의 주요 활동에 참여하거나 기여할 때 보상으로 배지를 수여합니다.

자, 이제 학기 초 학급 운영을 도와줄 게임을 시작해 볼까요?

학급 친구 이름 외우기 1: 〈과현미 자기소개하기〉 게임

자리 배치를 다시 정하는 날, 교실은 긴장감과 기대감으로 경기 바로 직전 상태를 방불케 합니다. 남녀공학인 경우 더욱 그렇습니다. 학생들이 자리 번호를 뽑으면 학급자치회장이 이름을 기록해야 합니다. 그런데 학생 이름을 잘 기억하지 못해 기록을 제대로 하지 못했던 일이 있었습니다. 그 친구를 알긴 해도 학급에서 존재감이 약해 잘 기억하지 못했기 때문입니다.

단순히 이 학급자치회장만의 문제가 아닙니다. 학급 구성원의 소통과 교류가 부족했기 때문에 온 당연한 결과입니다. 1년간 같이 생활하는데 같은 반 친구 이름 정도는 기억해야 하지 않을까. 한동안 담임으로서 이 문제가 계속 저를 괴롭혔습니다. 그래서 궁리해봤습니다. 학기 초에 새롭게 만난 친구들의 이름을 어떻게 외우면 좋을까? 친구에게 관심도 갖게 하고 재미도 있으면서 친구 이름을 잘 외우면 보상도 주는 방법이 없을까? 고민 끝에 친구 이름 외우는 보드게임을 만들었습니다. 바로 〈과현미 자기소개하기〉게임입니다.

게임 방법은 매우 간단합니다. 학생들 각자 과거, 현재, 미래의 자기 모습을 A4 용지에 작성한 후 프레젠테이션 화면에 띄워 자신이 작성한 활동지가 나오면 20초 안에 발표하면 됩니다. 좀 더 자세히 설명하면 다음과 같습니다.

<과현미 자기소개하기>

1. 학생들은 A4용지 한 면에 비주얼 씽킹으로 과거, 현재, 미래의 자기소개 내용을 작성한다. 간단한 이미지로 자신을 소개한다.

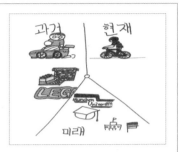

과거에는 자동차와 레고 가지고 노는 것을 좋아했고 현재는 자전거 타는 것을 좋아해. 미래에는 뭔헌 대학에 가서 그림공부를 하고 싶어.

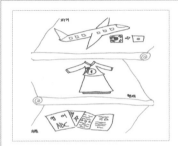

과거에는 일본에서 산 적이 있어. 현재에는 한국 무용를 배우고 있어. 미래에는 공부를 열심히 해서 대학에 가고 싶어.

2. 교사는 학생들이 작성한 것을 스캔 후 프레젠테이션에 입력하여 슬라이드 화면이 20초 간격을 두고 바뀌게 한다. 슬라이드 화면이 전환될 때에는 효과음을 넣어 재미와 함께 시작을 알려주면 좋다.

3. 화면에 자기소개 이미지가 띄워지면 해당 학생들은 20초 안에 자기소개를 마쳐야 하며 순서는 랜덤이다. 10분이면 30명의 학생 발표가 완료되므로 두 번 정도 반복해서 자기 소개하기를 하면 학생 이름과 특징을 대부분 기억하게 된다.

이 활동은 매우 간단하지만 생각했던 것 이상으로 학생들의 반응이 좋았던 활동입니다. 기존의 자기소개하기나 비주얼 씽킹처럼 이미지로 표현해서 발표하는 것도 많이 해보았습니다. 그런데 이번 경우가 전과 다른 점은 20초라는 시간제한을 두었다는 것, 순서를 랜덤으로 돌려 언제 자기 발표 차례가 될지 몰라 집중할 수밖에 없었다는 것입니다. 약간의 게임 형식을 빌렸더니 평소보다 재미와 몰입의 효과가 확연히 높아진 활동이었습니다. 더불어 자기소개를 비주얼 씽킹으로 간단하게 시각화한 것은 상대방의 특징을 기억하기에 좋았습니다. 또한 화면에 띄워진 자기소개를 보고 설명을 하면 모두 화면에 집중하기 때문에 발표하는 학생은 부담을 줄일 수 있습니다.

활동 후 학생들의 소감

- 내 차례가 언제 오는지 기대가 되고, 또 내 차례가 되면 20초 안에 끝나는 게 좋았다.
- 친구들의 과거, 현재, 미래를 보는 기회가 돼서 좋았던 것 같고, 20초라는 제한 시간 안에 하는 게임이라서 재밌었다.
- 친구들을 알아가는 시간이 좋았고 5점 중에 5.50이다.
- 두 번째 볼 때 내 기억력이 생각보다 좋은 걸 알게 되었다.
- 20초라는 짧은 시간 안에 말하면 그 얘기가 빨리 지나가니까 더 집중해서 듣게 되고, 내 것도 언제 나올지 모르니까 친구 얘기도 잘 듣게 된다.
- 친구들의 미래가 기대되고 꼭 꿈을 모두 이뤘으면 좋겠다.
- 친구들의 꿈과 좋아하는 것들을 잘 알게 되었고, 외우려고 하지 않아도 자연스럽게 외워졌다.
- 한 번 봤는데도 친구들이 무엇을 좋아하는지 기억이 잘 난다.
- 앞으로 나가서 발표하지 않아서 좋았다.

학급 친구 이름 외우기 2: 〈바로 네!〉 게임

자기소개 발표가 끝나고 나면 두 번째 게임을 진행합니다. 〈바로 너!〉게임. 친구가 발표한 과거, 현재, 미래의 특징에 해당하는 학생 이름을 맞추는 것입니다. 4명이 한 조가 되어 게임을 하는데, 우리 반은 32명으로 총 8조가 게임을 했습니다.

게임을 위해 교사가 준비해야 할 것이 있습니다.

〈과현미 자기소개하기〉 활동지를 A4 용지 1/4 사이즈로 축소하여 출력한 것입니다. 쉽게 얘기하면 우리 반 32명의 〈과현미 자기소개하기〉 pdf 파일을 4쪽 모아찍기로 인쇄하였더니 A4 용지 8장에 출력이 되었습니다. 이것을 '과현미 카드'라 불렀습니다.

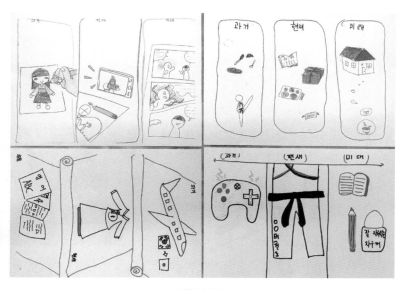

과현미 카드

게임 규칙은 다음과 같습니다.

준비물: 4인용 게임판, 게임말 4개, 칩 12개(1인당 3개씩)

1. 아래 사진과 같이 게임판을 만든다. 게임판 중앙에 과현미 카드를 그림이 보이지 않도록 뒤집어 놓는다.

2. 플레이어는 4명이고(4~6명도 가능) 각자 칩을 3개씩 받는다. 플레이어 수만큼 게임말을 준비한다. 게임말의 위치는 사진과 같이 똑같은 거리만큼 떨어뜨려 놓는다. 순서는 한 사람을 기준으로 시계방향으로 돌아간다.

3. 플레이어는 과현미 카드를 뒤집어서 해당 카드의 친구 이름을 5초 안에 맞추면 게임말을 앞(시계방향)으로 이동한다. 맞추면 또 카드를 뒤집어 맞출 수 있고 틀릴 때까지 앞으로 전진할 수 있다. 틀릴 경우, 남은 다음 사람 중에 빨리 맞춘 사람에게 차례를 넘긴다.

4. 다른 게임말을 추격하게 될 경우 추격을 당한 사람은 자신의 칩을 추월한 사람에게 주어야 한다.

5. 마지막에 칩을 가장 많이 모은 사람이 승리한다.

32명이나 되는 친구들 과거, 현재, 미래를 기억할 수 있을까? 게임을 해본 결과 아이들은 정말 기억을 잘했습니다. 너무 잘해서 게임 시간이 10분을 넘기지 않았습니다. 그래서 조건을 약간 어렵게 바꿔서 진행을 해보기로 했습니다. 한 장의 카드에서 과거,

〈바로 너!〉 게임 활동 모습

현재, 미래를 각각 잘라 한 장의 카드가 3조각의 카드로 바뀌었습니다.

32장의 카드가 96장이 된 것입니다. 과연 이것을 맞출 수 있을까? 학생들은 늘 교사를 놀라게 합니다. 그 짧은 시간에 어떻게 이걸 기억할 수 있었을까. 굉장한 집중력이 신기할 정도입니다. 학생들이 과거, 현재, 미래를 나눈 조각들도 잘 맞춰서 규칙을 하나 더 추가했습니다. 한 사람이 카드를 연속해서 5개 맞추면 다음 차례에게 순서가 넘어가는 것입니다.

과현미 카드 3조각으로 잘라 게임하기

이 활동의 교육 포인트는 친구의 특징과 이름을 기억하는 것입니다. 이 활동에 게임 요소를 넣지 않았다면 짧은 시간에 친구들에게 집중하여 관심을 가질 수 있었을까요? 불가능했을 것입니다.

처음 이 게임을 준비할 때 학생들 각자의 사진을 카드 크기로 출력해서 과현미 카드와 맞추기 게임을 진행하려고 했습니다. 해당 학생 얼굴을 알고 이름을 불러야 된다고 생각하고 구상했는데, 학생들의 반발을 샀습니다. 청소년기의 특징을 깜빡 잊고 있었던 것이지요. 청소년기에는 주위 시선에 대해 상당히 예민하여 얼굴, 외모, 사진 등에 민감하게 반응합니다. 매우 주의를 기울여야 할 부분을 놓쳐 게임을 시작도 못해볼 뻔했습니다.

혹시 이 게임을 보고 〈치킨 차차〉가 떠올랐다면 보드게임을 좀 해보신 분이 아닐까 합니다. 처음 〈바로 너!〉 게임을 만들 때는 좀 더 간단한 게임 규칙을 적용했는데, 긴장감이 다소 떨어지는 듯하여 게임말을 〈치킨 차차〉와 비슷한 원리로 바꾸었더니 훨씬 활기가 넘쳤습니다.

활동 후 학생들의 소감

· 게임을 통해 단순히 재미있기보다 한 명 한 명 우리 반 친구들의 이야기를 알게 돼서 한 편의 여행책을 본 느낌이다. 누군지 모를 때는 우리 반 친구 한 명 한 명을 생각하게 돼서 한 번 더 우리 반 친구들을 생각하게 된 것 같다.

· 서로 같은 취미가 있는 친구가 나오면 반갑기도 했고 애들의 특징이나 취미 들을 잘 기억하게 되었다.

· 게임말을 추월할 때 칩을 얻어가는 게 재미있었다. 5초 안에 꽤 많은 친구들을 맞추니까 좋았다. 시간이 짧아서 그런지 더 흥미진진했다.

· 의외로 암기력이 좋아서 깜짝 놀랐고, 친구들을 예측하여 맞춰보니 더 재밌었다. 한 번 더 해보고 싶다. 또 친구들이 뭘 하고 싶었는지 알 수 있었고 웃을 수 있어서 좋았다.

· 친구들이 과거에 무엇을 했고 지금은 뭘 하고 있고 미래에는 무엇을 하고 싶은지 알게 되어 공감대를 더 많이 형성할 수 있을 것 같다. 나에게 정말 유익한 시간이었다.

· 카드를 3등분으로 나눠서 맞출 때 어려웠는데 잘 맞추는 친구들을 보니까 친구에 대한 관심이 크기 때문에 잘 맞춘 것 같다. 이 활동을 통해 친구들에게 관심을 가져야겠다.

· 카드를 다시 3등분으로 나눠서 맞춰보는 게 어려웠지만 더 재밌었다.

· 이 게임을 하기 전에는 친구들의 특징 같은 걸 잘 몰랐는데 게임을 통해 잘 알게 되었다. 서로에 대해 많이 알게 되어 좋았다.

학기 중 학급 분위기 조성을 도와주는 게이미피케이션

자아를 이해하고 소개하기: 〈옷장 정리〉 게임

학기 초에 담임이 되면 '선생님께 드리는 내 이야기'와 같은 자기소개서를 학생들에게 나눠주고 작성하게 합니다. 이유는 학생들을 빨리 파악하여 보다 안정되고 효율적으로 학급을 운영하기 위해서입니다. 민감한 사항은 작성에서 제외하고 학생들의 무엇을 파악해야 할까 생각해보니 학생 각자의 장점, 강점, 단점, 흥미, 적성 등을 알고 싶었습니다. 전에는 이것을 간단한 질문을 주고 서술하게 했습니다. 해마다 비슷한 양식의 질문과 답변이 반복되니 학생들이 얼마나 따분하고 지루했을까요. 더 재미나고 의미있게 할 수는 없을까. 학생 스스로 자신을 성장시키는 데 무

엇이 필요한지 생각해보게 한다면 얼마나 좋을까. 이 활동을 통해 자신을 좀 더 세심하게 관찰하고 인식하는 습관을 길러 주고 싶었습니다. 그래서 만든 게임이 〈옷장 정리〉 게임입니다.

옷장 정리를 하려면 버려야 할 것, 유지해야 할 것, 새로 갖추어야 할 것이 필요합니다. 옷장은 바로 '나'입니다. 나의 모습(자원) 중에 버려야 할 것, 유지해야 할 것, 새로 갖추어야 할 것이 무엇인지 기록하는 게임입니다. 계절이 바뀌면 옷장을 정리하듯이 일정 기간이 지

자신의 〈옷장 정리〉 내용 확인 중

나면 나의 모습 중에 무엇이 필요한지 정리해야 하고 정리를 잘하면 배지를 받게 됩니다. 재미와 보상에 초점을 둔 놀이형 게임입니다.

형식은 매우 간단합니다. 먼저, 사물함에 옷장을 하나씩 붙여주었습니다.(교실 벽에 여유가 없는 관계로 사물함을 이용했는데 교실 벽이나 게시판

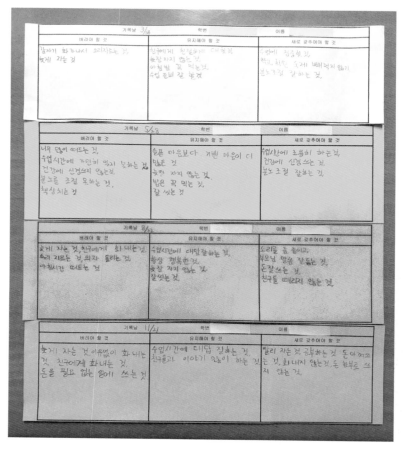

〈옷장 정리〉 내용 예시

이 있다면 전지에 학급 전체 옷장을 만들어 게시하면 시각적으로 좋은 자극을 줄 수도 있습니다.) 옷장을 정리할 때마다 색깔을 달리하여 변화 순서를 한눈에 볼 수 있게 하였습니다. 한 학기에 두 차례 정도 실시했는데, 이 자료를 이어붙이면 하나의 자아 이해 진로 포트폴리오가 됩니다. 학생을 이해하는 데 매우 좋은 자료가 됩니다.

〈옷장 정리〉게임은 사실 게임이라기보다는 활동이라고 봐야 합니다. 게임의 요소로 보상을 준 것밖에는 없습니다. 임무 완수 시 배지를 획득하게 되어 담임의 잔소리 없이도 스스로 경쟁에 참여하고 좋은 자극을 받게 한 것이 바로 이 게임의 효과입니다.

이 게임을 하면서 '옷장을 정리한다'라는 표현이 활동을 딱딱하지 않고 재밌게 즐기면서 하도록 만든 것 같았습니다. 그래서인지 이전 수업에서 했던 활동과 비교해보면 아이들이 작성한 글이 매우 구체적이고 다양했습니다. 작성한 글 중에 담임으로서 많이 도움이 됐던 것은 '새로 갖추어야 할 것'이었습니다. 이 글들을 보면 학생이 무엇을 원하고 관심있어 하는지, 그리고 자신의 어떤 부분을 성찰하고 있는지 알 수 있었습니다. 부모님과의 상담에서 꼭 보여드리고 싶다는 생각이 들었습니다. 왜냐하면 이 시기의 학생들은 이성적으로는 알면서도 자신의 감정과 행동이 잘 제어되지 않아 아는 것과 다르게 행동이 나올 때가 많습니다. 그래서 어른들은 겉으로 보이는 것만으로 학생을 판단하곤 합니다. 겉으로 보이는 행동이 다듬어지지 않았더라도 마음 안에는 다듬어진 생각이 자리잡고 있다는 것을 이 활동지가 보여주고 있기 때문입니다.

스토리텔링으로 친구 알아가기: 〈친구 강점 찾기〉 게임

학년이 낮을수록 학생들은 상대의 약점이나 결점을 놀림거리 삼아 장난하는 것을 즐거워합니다. 고학년이라도 크게 달라지지는 않습니다. 때로는 친구들의 장난에 마음 상하기도 하고 다투기도 하는 것이 교실에서 빈번히 볼 수 있는 아이들의 모습입니다.

그런데 학급에서 친구들이 서로의 장점, 강점을 기억하고 말해준다면 학급 분위기는 어떻게 변할까. 좋은 것을 보고 말하는 게임을 한다면 어떻게 될까. 생각 끝에 이 게임을 고안하게 되었습니다.

강점과 장점은 차이가 있습니다. 강점은 남보다 우세하거나 뛰어난 점, 장점은 좋거나 잘하거나 긍정적인 점입니다. 나의 강점과 장점을 친구로부터 듣는다면 자존감이 높아지고 스스로 그런 모습이 되려고 하지 않을까 하는 기대를 하며 게임을 해보았습니다.

게임 규칙은 다음과 같습니다.

<친구 강점 찾기>

준비물: 4인용 점수판, 스토리텔링 작성 학급명렬표, 그림 카드(딕싯, 프리즘, 이야기톡 카드 등 그림 카드면 됨), 번호 타일(색이 다른 타일로 4개씩)

1. 아래 사진과 같이 한 조에 점수판 1개가 주어지고, 플레이어는 각자 번호 타일 4개(1번부터 4번까지)를 갖는다.
2. 번호 타일은 상대방이 번호를 볼 수 없도록 뒤집어 놓는다.
3. 그림 카드를 각자 5장씩 받고 시작한다. 그림 카드는 딕싯, 프리즘, 이야기톡 등 그림으로 이루어져 있는 카드를 활용하면 된다.

4. 차례인 사람은 학급 친구의 강점이 보이는 그림 카드 한 장을 뽑아 그림이 보이지 않도록 뒤집어 내면서 그 친구 이름을 말한다. 이때 자신이 속한 조의 4명의 플레이어 이름은 강점 주인공에서 제외한다. 이유는 자신의 이름이 불러졌을 때 부끄럽거나 민망해서 솔직하기 어려울 뿐만 아니라 장난을 하게 되기 때문이다.

5. 다른 플레이어들은 가지고 있는 카드 중 이름이 불린 친구의 강점에 가장 가까운 카드 한 장을 골라 그림이 보이지 않도록 낸다.

6. 출제자는 카드를 가지고 가서 섞어준 후(누가 냈는지 모르게 하기 위해) 그림이 보이도록 공개한다. 공개된 그림 카드를 순서대로 1, 2, 3, 4번으로 정한다.

7. 플레이어들은 다른 사람이 낸 카드 중에 정답에 해당하는 번호 타일을 찾아 번호가 보이지 않게 뒤집어 낸다. 플레이어들이 모두 내면 번호 타일을 뒤집어 해당 번호 앞에 나열한다. 번호 타일을 받은 개수만큼 점수를 얻는다.

8. 1번 그림 카드를 낸 플레이어부터 친구의 강점을 그림을 보며 이야기해야 한다. 다른 플레이어들도 그림 속 친구의 강점을 이야기한 후 학급명렬표에 강점 내용을 기록한다.

9. 설명이 끝난 후 번호 타일을 가져간 수만큼 점수가 계산된다.

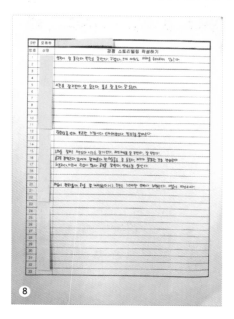

10. 강점, 장점이 아닌 다른 이야기를 할 경우 1점이 감점된다.

11. 한 번 사용한 그림 카드는 사용하지 않고 빼놓는다. 그리고 다시 게임을 시작할 때는 각 플레이어들의 그림 카드가 5장이 되도록 카드를 채운다.

12. 다음 차례 플레이어가 라운드를 이어간다. 이렇게 점수판에 친구 10명의 장점을 찾으면 게임이 종료된다.

게임이 종료된 후 강점이 기록된 학급명렬표는 바로 걷어야 합니다. 혹시나 강점이 기록되지 않은 친구가 있을 경우, 모든 조에서 바로 그림 카드에서 강점 찾기를 하여 소외되지 않도록 합니다.

학급명렬표에 강점을 기재할 때는 주어를 빼고 두 개 또는 세 개의 괄호 넣기 형식으로 작성하도록 합니다. 예를 들면 '(상상력이) (풍부하다.)' '(축구를) (잘한다.)', '(친구의) (마음을) (잘 알아준다.)',와 같은 형식으로 작성하는 것입니다. 그렇지 않으면 '예쁘다', '밝다', '귀엽다'처럼 한 단어로 끝내는 경우가 꽤 있습니다. '말할 때 예쁘다', '표정이 예쁘다' 식으로 기록하면 강점이 훨씬 명료해집니다.

위의 자료는 담임교사에게도 학생들을 파악하는 데 매우 중요한 자료가 됩니다. 일방적으로 교사가 학생의 장점, 강점을 파악하는 것이 아니라 학급 구성원 전체를 통해 알게 된 소중한 자료입니다. 학급명렬표에 기록된 강점을 해당 학생들에게 보여 주면 여기저기서 얼굴에 웃음꽃이 핍니다. 활짝 피기도 하고 조용히 피기도 하고, 호기심 가득한 표정과 만족한 표정, 의아한 표정 등으로 잠시 교실이 술렁술렁합니다. 계획한 대로 교육이 이루어진 것 같을 때 교사로서 가장 보람되고 흐뭇합니다.

처음 게임을 구상할 땐 아이들의 '강점 찾아주기'를 하고 싶었습니다. 앞서 말했듯이 강점과 장점은 다릅니다. 강점은 남보다 우세하거나 뛰어난 점, 장점은 좋거나 잘하거나 긍정적인 점입니다. 강점 찾기를 하고 싶었던 이유는 취업할 때 면접에서 '장점이 아닌 강점을 말하기'라는 글을 보고 매우 공감했기 때문입니다. 보다 명확하고 객관적으로 자신의 강점을 알아가는 과정을 게임에 녹여봐야겠다고 생각했습니다. 그러나 게임을 진행하면서 알게 되었습니다. 중학교 1학년 학생들에게 장점과 강점을 구분하는 것이 어렵다는 것을. 그래서 강점과 장점을 구분하지 않고 했더니 좀 더 쉽고 재밌게 진행되었습니다. 상급 학년이라면 강점과 장점을 구분해서 찾아보는 게임을 해도 좋을 것입니다.

활동 후 학생들의 소감

- 다른 친구들이 본 나의 강점도 알게 되었고, 생각보다 강점이 진짜 많았다. 그래서 놀랍고 이 게임을 자주 하고 싶다.
- 게임에서 가장 좋았던 점은 친구들과 소통해서 친구의 좋은 점을 찾는 것이었다.
- 게임으로 하니까 친구들의 장점을 얘기하기 쉽고 부담이 없어서 말하기가 좋았다.
- 친구들과 같이 강점에 대해 이야기하면서 노는 게 재미있었고, 친구의 강점을 알 수 있어서 더 친해질 수 있을 것 같다.
- 다른 친구가 나의 강점을 말해주었을 때 나는 그 친구에게 고마운 마음이 들었고, 나에게 어떤 강점이 있는지 알게 되어 더 노력할 것 같다.
- 내가 생각하는 친구의 강점을 말하는 것이 재밌었다. 이 게임은 답이 있는 것이 아니라 우리끼리 답을 만들고 그것을 점수로 계산해서 하니까 그 부분이 흥미진진하고 재미있었다.
- 다른 보드게임과 달리 이 게임은 친구들의 장점을 되돌아 볼 수 있어서 좋은 것 같다. 뜻깊은 경험이었다.
- 다른 친구들이 나의 장점을 잘 알고 있다는 것이 좋고 뿌듯했다.
- 우리 반 친구들의 강점을 알 수 있는 시간이어서 좋았다. 몇몇 애들은 강점을 찾는 데 좀 힘들었고 어려웠다. 점수를 매겨가면서 하는데 그냥 하는 것보다 더 재밌고 짜릿했다.
- 친구들이 그림 보고 말할 때 강점의 이유를 알게 됐고 '내가 보는 것과 다른 강점도 많이 있구나'를 알게 되어 좋았다.
- 번호 타일을 뒤집어 맞출 때 두근거리고 재밌었다.

그동안 프리즘 카드로 강점을 말하고 근거 찾아 서술하기, 그림책으로 동기 부여한 후 강점 찾아 써보기, VIA CHARACTER 사이트를 이용해서 강점 검사하기 등 강점, 장점을 찾는 많은 활동을 해보았습니다. 긍정 심리학을 좋아하고 그 철학을 현장에서 발현시켜 학생들이 잘하는 것을 살렸으면 해서 여러 활동을 했습니다.

그런데 앞서 소개한 〈친구 강점 찾기〉 보드게임의 장점은 첫째, 시간이 오래 걸리지 않습니다. 1차시 수업이면 됩니다. 게임 방법을 2분 정도 동영상으로 보여준 후 4명이 한 모둠이 되어 진행합니다. 친구 10명 정도의 강점을 찾아 기록을 하면서 게임이 진행되는데, 1시간이 부족하다면 친구 5~7명 찾기를 하여도 됩니다. 더 많은 학생들의 강점 찾기를 하고 싶다면 2차시를 하면 되고, 2차시 정도면 학급 학생(32명 정도) 모두의 강점을 찾아볼 수 있습니다.

둘째, 가지고 있는 그림 카드 교구를 활용할 수 있습니다. 〈딕싯〉 〈프리즘〉 〈이야기톡〉 등의 그림이 그려져 있는 카드를 활용하면 됩니다. 위 게임에는 이야기톡 카드를 활용하였습니다. 많은 교사가 여러 교구를 가지고 계실 텐데 그중 프리즘 카드를 가장 많이 갖고 계신 듯합니다. 활용해 보시길 권장합니다.

셋째, 이 게임은 학기 초보다는 학기 중간 또는 2학기가 시작될 즈음에 하는 것이 좋습니다. 학생들이 서로를 좀 알고 있을 때 해야 많은 이야기가 쏟아집니다.

넷째, 강점 스토리텔링 작성할 때 학생들이 긍정적으로 표현하는 훈련을 할 수 있습니다. 예를 들면 '잘 먹는다'를 '편식하지 않는다'로, '딴 생각을 많이 한다'를 '상상력이 풍부하다'로, '말이 없다'를 '신중하다'로 작성하려고 애쓰는 모습을 보입니다.

다섯째, 이 게임의 하이라이트는 친구의 강점을 부끄러워하지 않고 편하게 얘기할 수 있다는 것입니다. 강점, 장점 말하기는 잘못하면 진부하거나 따분해질 수 있습니다. 하지만 게임 형식을 도입하면 도전의식, 스릴, 성취감을 느끼게 되고 무엇보다 재미있습니다. 평소 친구의 강점을 모르거나 관심이 없었더라도 이 게임을 할 때는 친구의 행동이나 말에서 강점 하나라도 더 찾기 위해 자신도 모르게 친구에게 집중하게 됩니다. 이런 효과를 경험하면 게임의 형식을 교육에 일부 도입하는 것은 매우 중요하다는 생각이 듭니다.

골든 서클로 게이미피케이션 설계하기

지금까지 학급 운영에서 했던 몇 가지 게이미피케이션 활동에 대해 이야기했습니다. 저의 경우, 학급 운영 게이미피케이션을 설계할 때 중요하게 여겼던 것이 있습니다.

다음 그림은 『나는 왜 이 일을 하는가』의 저자 사이먼 사이넥(Simon Sinek)이 말한 '골든 서클'입니다. 그는 삶의 목적이나 신념인 'Why'가 중요하며, 일하는 원리가 'Why? How? What'의 순으로 이어져야 한다고 말합니다.

학생들에게 지금 무엇을 하고 있냐고 물으면 대부분 공부를 하고 있

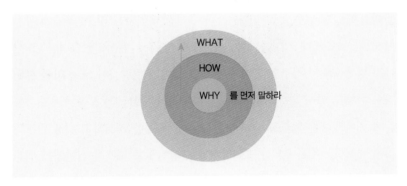

골든 서클

다고 답합니다. 어떻게 공부를 하냐고 물으면 학원에 가거나 인터넷 강의을 듣거나 문제집을 보며 공부한다고 답합니다. 그런데 그걸 왜 하냐고 물으면 많은 학생이 대답을 못하거나 자신의 의지가 아닌 부모나 주변인의 영향으로 하고 있다고 답합니다. 삶의 방식이 'What? How? Why' 순입니다. 만약 거꾸로 'Why'를 먼저 생각하고 살아간다면 어떤 변화가 있을까요? 왜 공부해야 하는지 그 이유를 찾게 되면 살아가는 방법과 자세가 달라집니다.

학급 운영 게이미피케이션 설계도 이와 같았습니다. '학생들에게 필요한 게 뭐지?' '왜 이 활동을 해야 하지?'라는 인식이 먼저였습니다. 그리고 '이것을 잘 해결하기 위해서는 어떻게 해야 할까?' '그 실현 방법으로 무엇이 가장 적합할까?'를 고민하고, 이런 일련의 과정을 통해 보드게임을 개발하였습니다.

〈과현미 자기소개하기〉〈바로 너!〉〈옷장 정리〉〈친구 강점 찾기〉 등의 게임을 만들 때 늘 어떤 문제를 인식하고 그 방법을 모색했습니다. 이를테면 학급의 일원으로서 소속감과 유대감이 없다는 것, 친구에게 관심이 없어 이름조차 기억을 못한다는 것이 문제로 인식되었습니다. 또한 아직 미성숙해서 친구의 약점과 결점을 놀림거리로 삼아 노는 학급 분위기도 문제로 인식되었습니다. 이런 문제 인식은 학급의 친목과 유대감을 갖게 해야겠다는 목적을 갖게 하였습니다. 목적을 달성하기 위해 친구의 특징, 강점을 서로 공유하면 어떨까를 구상하였고 그것을 실현하기 위한 방법으로 게임을 적용하였습니다. 게임이 준 효과는 매우 만족스럽습니다.

그런데 여기서 짚고 싶은 것이 있습니다. 게임의 방식을 적용하여 재미와 몰입, 성취감은 이루어졌는데 본래의 목적, 즉 학급의 친목과 유대감 형성이라는 아주 중요한 목표가 잘 이루어졌는지 살펴봐야 합니다. 교육 게이미피케이션에서 가장 우려되는 점이 목적과 수단이 전도되어 교육의 의미가 퇴색되거나 변질되는 것입니다. 'Why'의 중요성을 잊지 않아야 합니다.

5. 미래를 위한 창의·혁신 교육
게임으로 배우는 기업가정신

게임의 룰이 바뀌고 있다

사회 변화의 속도가 점점 빨라져서 그 속도를 따라잡기가 버거울 정도입니다. 미국의 심리학자 칼 로저스(Carl Ransom Rogers)는 "미래 사회에서 인간이 부딪치게 되는 가장 큰 문제는 원자폭탄이나 수소폭탄이 아니라, 급변하는 사회에 적응하는 문제(Sheats, 1970: 20p)[1]"라고 하였습니다.

이러한 변화의 가속화 시기에는 게임의 룰이 바뀝니다. 게임의 룰이란 패러다임을 말합니다. 패러다임이 바뀌면 고정관념도 상식도 바뀝니다. 준비 없이 학교에서 사회로 진출한다면 우리 아이들은 부적응 문제로 많은 고민을 하게 될지도 모릅니다. '좋은 대학 가서 좋은 직장에 취직하면 이후 안정된 삶을 살아갈 수 있다'는 우리의 상식이 깨지고 있기

---

1) Sheats, Paul, "Introduction" Handbook of Adult Education, New York: the McMillan Co. 1970

때문입니다.

부적응 문제는 생존 문제와 직결되기 때문에 교육을 통한 해결 방법을 모색해야 할 것입니다. 그래서 많은 선진국들은 기업가정신(entrepreneurship) 교육에 희망을 걸고 있습니다. 기업가정신은 '새로운 가치를 창출하려는 동기와 실천하는 활동'으로 변화와 혁신을 주도하는 시대정신(the spirit of times)입니다. 시대 변화와 개인이 처한 상황에 따라 창의적으로 자신의 삶을 개척하고 대처할 수 있는 능력이 요구되는 사회에서 기업가정신은 삶의 다양한 영역에서 활용될 수 있는 핵심 역량인 것입니다.[2]

다른 사람과 함께 협력하면서 문제를 해결해보는 경험은 새로운 가치를 창출하고 기회를 발견하는 능력을 길러줄 뿐 아니라, 자기효능감도 높여주어 자신의 미래에 관심을 가지고 진취적으로 문제를 해결하는 진로개발 역량을 키워줄 것입니다. 여기서는 기업가정신 교육을 위한 융합형 진로 교육 프로그램을 소개하고자 합니다. 디자인 씽킹 프로세스에 기반하여 진행되는 이 프로그램은 게임 요소를 가미하여 학생들이 몇 주간에 걸쳐서 진행되는 프로젝트 활동에 몰입하도록 디자인하였습니다.

---

2) 출처: https://if-blog.tistory.com/7513 [교육부 공식 블로그]

교실 게이미피케이션

수업 설계

주 제	기업가정신 경험하기		
교 과	학교 진로 교육(창의적 체험 활동/진로 활동)	**대 상**	중1 ~ 고2

	대영역	**성취 기준(2015개정교육과정)**	
학교 진로 교육 성취 기준	I. 자아 이해와 사회적 역량 개발	M I 1.1.3 자신의 능력이나 특성, 강·약점을 존중할 수 있다. M I 2.1.1 대인관계의 중요성을 이해하고 주변 사람들과 적절한 관계를 맺을 수 있다. GH I 2.2.2 상황(대화, 발표, 회의 등)에 맞는 의사소통 방법을 알고 활용할 수 있다.	
	II. 일과 직업 세계 이해	M II 1.3.3 새로운 직업이나 사업을 상상하고 만드는 모의 활동을 할 수 있다. GH II 1.3.2 관심 분야의 동향 및 전망을 파악하고 관련 창업과 창직 사례를 탐색할 수 있다. GH II 2.1.1 직업이 자신에게 주는 긍정적 가치(자아 실현, 보람, 경제적 독립 등)를 우선순위를 두어 설명할 수 있다.	
	VI. 진로 디자인과 준비	M VI 2.1.3 잠정적인 진로 목표와 관련된 다양한 교육, 진로 경로를 계획할 수 있다. GH VI 1.2.2 잠정적인 진로 의사 결정의 결과를 점검하고 자신이 처한 상황에 맞게 수정·변경할 수 있다.	

미래 핵심역량	☑ 자기 관리 역량	☑ 지식정보 처리 역량	☑ 창의적 사고 역량
	☑ 심미적 감성 역량	☑ 의사소통 역량	☑ 공동체 역량

산출물	개인	자신의 핵심 가치 이해, 관심 분야 파악, 팀에서의 역할 파악
	모둠	프로젝트 아이템, 팀 활동 기록물, 팀 활동 UCC,

결과 공유	팀 활동 UCC, 팀 프로젝트 알리기, 공감 캠페인

평가 내용	· 지식정보 처리: 합리적인 문제 해결을 위해 다양한 지식과 정보를 처리하여 활용 · 의사소통: 자신의 생각과 감정의 효과적 표현 및 타인의 의견 존중 · 공동체: 공동체 구성원으로서 요구되는 가치와 태도를 갖고 발전에 적극 참여

수업 설계 의도	기업가정신 함양을 위한 프로젝트 수업은 변화하는 환경에서 스스로 사고하고 행동하여 자신의 재능과 가능성을 발견하고, 이를 바탕으로 세상의 문제를 포착하여 도전적으로 해결해보는 경험을 제공한다. 수업은 팀 활동과 문제 해결 프로젝트 중심 활동으로 이루어진다. 프로젝트 활동은 먼저 자신과 주변에 대한 관심과 호기심, 공감을 바탕으로 문제를 발견, 그 원인을 알아내는 것이다. 팀원들과 문제 해결을 위한 아이디어를 모으는 과정에서 창의성과 혁신성을 기르고, 아이디어를 구체화, 가시화하는 프로토타이핑으로 실행력을 기르게 된다.

수업 흐름

교시	학습 목표	주제	세부 활동	게임요소
1	기업가 정신의 출발, 상상력을 자극하라	내 안의 기업가정신 발현하기	상상력을 발휘해야 하는 미션을 통해 도전하고 협력하는 내 안의 기업가정신 경험하기 1) 미션 　- 각 그림 카드 장면의 스토리 만들기(개인) 　- 스토리 주제 정하기 　- 그림 카드로 주제에 따른 스토리 만들기 　- 다른 팀을 공감시켜라! 2) 미션 결과 및 미션 수행 소감 공유	
2	창의적 아이디어로 문제를 해결하라	창의적 아이디어로 문제 해결 도전!	최악의 조건을 최상의 조건으로 만들어 창의적 문제 해결 아이디어 제시하기 1) 미션 　- 좋았던 기억과 나빴던 기억 떠올리기 　- 기억에 대한 경험을 공유하기 　- 최상의 조건과 최악의 조건 만들기 　- 최악의 조건을 극복할 수 있는 창의적 아이디어 내기 2) 미션 결과 및 미션 수행 소감 공유	미션 제공 규칙 제시
3	가치 제안으로 혁신하라	혁신적 아이디어로 가치 제안	혁신적 아이디어로 발전시켜 가치 제안하기 1) 혁신적 아이디어로 창업한 사례 2) 미션 　- 우리의 문제는? 　- 우리의 아이디어는 누구에게 필요한가? 　- 우리의 아이디어는 어떻게 실현할 것인가? 　- 우리가 고객에게 주고자 하는 가치는? 3) 가치 제안 캔버스 발표 4) 미션 결과 및 미션 수행 소감 공유	지속적 피드백 보상 시스템
4	내 안의 기업가 정신을 정의하라	나에게 필요한 기업가정신	꿈꾸는 미래의 나에게 가장 필요한 기업가정신 요소와 그 의미 찾기 1) 기업가정신 관련 동영상(2분 정도) 2) 미션 　- 기업가정신 요소 키워드 찾기 　- 기업가정신 키워드로 〈빙고〉 게임하기 　- 나에게 필요한 기업가정신 정의하기 3) 미션 결과 및 미션 수행 소감 공유	

기업가정신 교육을 위한 교사의 마인드셋

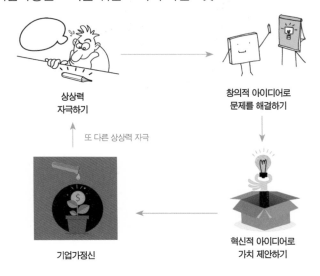

상상력
자극하기

또 다른 상상력 자극

창의적 아이디어로
문제를 해결하기

기업가정신

혁신적 아이디어로
가치 제안하기

1교시: 기업가정신의 출발, 상상력을 자극하라

수업 안내

주제: 상상력 미션을 통해 도전하고 협력하는 내 안의 기업가정신 경험하기

학습 목표	· 도전과 협력을 바탕으로 상상력을 발휘하여 스토리를 완성할 수 있다. · 팀이 완성한 스토리로 다른 사람의 공감을 얻을 수 있다.		
단계	수업 흐름	학생 활동 내용	교사 준비 사항
도입 (5분)	활동 소개 및 생각 열기	생각 열기: 그림 카드를 보면서 떠오르는 스토리를 각자 생각해 보자.	· 그림 카드 준비 · 활동지 준비

	미션 1 그림 카드 장면 표현하기	활동 1 각자 그림 카드 장면 을 1줄로 표현하여 기록하기	· 규칙 제시: 3분 동안 그림 카드의 장 면을 1줄로 기록 · 실시간 피드백: 발견한 스토리를 구 체적으로 기술할 수 있도록 지도
	미션 2 팀이 도전할 스 토리 주제 정하기	활동 2 우리 팀의 도전 주제 정하기	· 규칙 제시: 다양한 주제가 적혀있는 쪽지를 팀 대표가 제비뽑기로 정함 · 실시간 피드백: 주제가 마음에 들지 않더라도 게임의 규칙이라고 안내하 여 수용하도록 지도
전개 (35분)	미션 3 주제에 맞는 스 토리 만들기	활동 3 1단계 - 주제에 맞는 캐릭터 만들기(이름, 나이, 이미지 등) 2단계 - 그림 카드를 배열하여 스토리 완 성하기	· 규칙 제시: 20분 동안 그림 카드를 활용하여 스토리 만들기 · 실시간 피드백: 캐릭터 이름 작성 시 주제와 관련된 이름으로 작성하 면 스토리를 이해하는 데 도움이 됨. 스토리 전개 시 팀원들이 미션 1에 서 표현한 장면 스토리를 잘 연결하 도록 지도
	미션 4 팀 스토리를 발표 하여 다른 사람의 공감을 받기	활동 4 팀이 완성한 스토리 를 발표하기	· 규칙 제시: 팀이 완성한 스토리를 1 분 동안 발표 · 실시간 피드백: 다른 팀의 발표를 경청하도록 지도
	미션 5 가장 공감을 많 이 받은 팀 선정 하기	활동 5 가장 공감을 많이 받 은 팀 선정을 위해 2 개 팀 스토리에 투표 하기	· 규칙 제시: 가장 공감 가는 스토리 2 개에 투표하기 · 실시간 피드백: 팀이 협력하여 완성 한 스토리에 먼저 투표하고 공감이 가는 다른 팀 스토리에 투표하도록 지도
정리 (5분)	활동 정리	경청	스토리를 만드는 활동은 상상력을 자 극하여 창조력을 키우는 활동이다.

1교시는 기업가정신의 출발이라고 할 수 있는 상상력을 키우기 위한 수업입니다. 학생들은 이 수업에서 상상력을 발휘해야 하는 미션을 통해 도전하고 협력하는 내 안의 기업가정신을 경험할 수 있습니다. 미션

을 수행하기 위해서 수업시간 내내 협력하고 도전해야 하기 때문입니다. 즉, 수업에 참여하고 미션을 수행하는 것 자체가 학생들에겐 도전인 것입니다. 그렇다면 어떻게 수업에서 도전과 협력을 경험하게 할 수 있을까요?

수업 전개
학생들이 플레이어가 되어서 어떤 미션을 수행해야 하는지, 그 미션들은 어떤 의미를 갖는지 소개합니다.

미션 제시
미션: (개인 미션) 그림 카드의 장면을 상상하여 스토리 쓰기
미션: '성공'을 키워드로 스토리 주제 정하기
미션: 주제를 선택(게임)하여 스토리 만들기
미션: 스토리텔링으로 다른 팀을 감동시켜라!

게임 요소
1. 4개의 미션으로 활동을 세분화하여 단계를 만들어줌
2. 미션 수행에는 반드시 규칙(시간, 조건 제한 등) 제시
3. 각 팀의 진행 상황을 실시간으로 알려주어 지속적 피드백을 줌
4. 미션 수행 결과를 발표하도록 하여 공감 투표로 보상 시스템을 만들어줌

첫 번째 미션은 개인 미션으로 3분 동안 마음에 드는 그림 카드 1장을 선택하여 그림 카드의 장면을 1줄 정도의 스토리로 만드는 것입니다. 이어서 두번째 미션으로 팀원들이 만든 각기 다른 그림 카드의 스토리를 보면서 '성공'이라는 키워드로 대략 어떤 주제의 스토리를 만들 것인지

결정한 뒤 적어서 제출합니다. 여기까지 진행하는 동안 학생들은 자신들이 만들 스토리를 생각하면서 주제를 결정했을 것입니다. 이때, 반전을 더해주면 학생들은 더욱 몰입하게 됩니다. 각 팀이 정한 주제를 제비뽑기로 다시 정하는 것입니다. 극적인 요소가 갑작스럽게 가미되기 때문에 당황스러울 수도 있지만, 바로 그와 같은 상황을 살아가는 동안 종종 접하게 될지도 모릅니다. 이러한 경험이 훗날 학생들이 황당한 상황에 처했을 때, 문제를 해결하는 데 도움을 줄 것이라 생각합니다.

다음 미션은 주제에 맞게 스토리를 구성하는 것입니다. 스토리를 구성할 때, 주인공의 캐릭터를 생각하면서 구성하도록 안내합니다. 주인공의 캐릭터는 이름, 나이, 성별, 성격 정도만 나타내주면 됩니다. 여기서 사용하는 그림 카드는 잡지를 오려서 만든 것을 쓸 수도 있고, 갖고 있는 그림 카드를 활용해도 됩니다. 단, 카드의 개수는 팀 인원수와 같아야 합니다. 팀원이 6명이면 6장면의 스토리를 엮어서 하나의 이야기를 만드는 것입니다. 한마디로 팀별로 선택한 주제에 맞게 이야기를 완성하는 것입니다. 처음에 각자가 작성한 장면의 스토리가 새로운 주제에 잘 맞지 않을 수 있습니다. 새롭게 주어진 주제로 본인들이 만들어놓은 장면의 스토리 순서를 잘 조합해서 하나의 스토리를 만드는 것입니다.

스토리를 만드는 방법은 다들 알고 있듯이 기승전결로 전개해가면 됩니다. '기'에서는 스토리의 전개가 어떻게 이루어질지를 암시하고, '승'에서는 어떤 장애나 어려움을 주어 극적인 요소를 만들어 '전'에서 이를 극복해가는 과정을 그려내고, 마지막 '결'에서 해피엔딩이든 새드엔딩이든 끝을 맺도록 하면 됩니다. 즉, 주인공이 있는데 이 주인공이 해결해야 할 어떤 문제에 봉착하고, 이 문제를 해결하고자 하는 동안 장애를 만나지만 어찌어찌 극복하여 문제를 해결하는 과정을 상상하여 그려보도록 하는 것입니다. 이러한 수업에서 문제를 해결하는 과정을 치밀하게 구성하

월드 카페 토론의 형식

여 스토리를 작성한 경험은 훗날 비슷한 상황이 실제로 발생했을 때, 문제의 해결 방안을 제시하는 데 도움을 줄 수도 있습니다.

마지막 미션은 우리 팀의 스토리를 발표하고 다른 팀으로부터 공감을 얻는 것입니다. 발표 방법은 전체 발표도 할 수 있지만 '월드카페' 형식으로 발표를 3~4번 반복하는 것도 매우 효과적입니다.

수업 성찰

상상력이란 기존에 존재하지 않았던 것을 마음속으로 그려보는 단계이다. 상상력에는 몰입하는 태도와 대안을 구상하는 행동이 필요합니다.

이를 위해서는 호기심을 가지고 몰입하는 경험과 아이디어를 마음속으로 구상하는 능력이 필요합니다. 사람의 타고난 능력인 상상력은 직·간접 경험의 영향을 받습니다. 그렇기 때문에 여행이나 독서, 요리, 음악, 영화 등을 통해 경험의 폭이 다양해질수록 상상력도 풍부해집니다.

이처럼 상상력을 발휘하여 얻은 아이디어는 혼자 마음속에 간직할 수도 있고 타인과 공유할 수도 있습니다.

2교시: 창의적 아이디어로 문제를 해결하라

수업 안내

주제: 최악의 조건을 최상의 조건으로 만들어 창의적 문제 해결 방법 발상하기

학습 목표	· 단점을 강점으로 바꾸는 미션으로 발상의 전환을 경험할 수 있다.		
	· 창의적 아이디어로 문제를 해결할 수 있다.		
단계	수업 흐름	학생 활동 내용	교사 준비 사항
도입 (5분)	활동 소개 및 생각 열기	생각 열기: 단점을 장점으로 바꾼 샌드위치 가게 동영상 시청으로 발상의 전환을 유도	· 동영상 준비 (https://www.youtube. com/watch?v=FnpyKM2_ UJM) · 활동지 준비
전개 (35분)	미션 1 좋았던 기억과 나빴던 기억을 떠올려 공유하기	활동 1 식당에 대한 가장 좋았던 기억과 나빴던 기억을 떠올려 팀원들과 서로 공유한다.	· 규칙 제시: 3분 동안 식당에 대하여 각자 좋았던 기억과 나빴던 기억 1개씩을 생각해 내서 팀원들과 공유 · 실시간 피드백: 모든 학생의 자신의 경험을 이야기 하도록 독려
	미션 2 최상의 조건과 최악의 조건 만들기	활동 2 팀원들이 공유한 경험들을 기반으로 최상의 식당과 최악의 식당 조건을 정하여 제출한다.	· 규칙 제시: 3분 동안 팀별로 가장 최상과 최악의 식당 조건을 3가지씩 정한다. · 실시간 피드백: 시간 내에 미션을 수행하도록 진행 상황을 계속 점검한다.

교실 게이미피케이션

	미션 3 최악의 조건을 극복할 수 있는 아이디어 내기 활동	활동 3 1단계 - 팀별로 최악의 식당 조건 제비뽑기 2단계 - 최악의 조건을 어떻게 강점으로 바꿀지 아이디어를 낸다. 3단계 - 최상의 식당 홍보 자료를 만든다.	·규칙 제시: 15분 동안 단점을 강점으로 바꿔 최상의 식당 홍보 전단지를 만든다. ·실시간 피드백: 빠른 진행을 위하여
	미션 4 최상의 식당 홍보하기	활동 4 팀이 완성한 식당 홍보 자료로 식당을 홍보한다.	·규칙 제시: 팀이 정한 식당 컨셉을 1분 동안 발표 ·보상 시스템: 다른 팀 발표를 경청하면서 공감 정도를 투표한다.
정리 (5분)	활동 정리		

  2교시는 기업가정신을 키우는 수업의 두 번째 단계로 상상력을 기반으로 창조성을 키우는 과정입니다. 누구나 식당을 이용해 본 경험이 있을 것입니다. 그러한 경험들 중에는 좋았던 기억도 있을 것이고, 나빴던 기억도 있을 것입니다. 학생들은 팀원들과 기억을 공유하면서 자연스럽게 좋은 기억을 통해 최상의 식당을 상정하고, 나쁜 기억으로는 최악의 식당을 상정하게 됩니다.

  그렇지만 이 수업에서는 이러한 과정에 제동을 걸어 학생들이 미래에 종종 맞닥뜨리게 될지도 모를 돌발 상황을 설정했습니다. 각 팀이 만든 최악의 조건을 제비뽑기로 뽑도록 하여 다른 팀이 뽑을 수도 있고, 우리 팀이 뽑을 수도 있게 한 것입니다. 학생들은 새롭게 만난 최악의 조건을 가지고 단점을 장점으로 바꿔 성공한 샌드위치 가게 '재플슈츠'[3]처럼 발상의 전환을 통해 창의적 아이디어로 최상의 식당을 만들어야 합니다.

이러한 제약은 학생들이 수업에 더욱 몰입하도록 하고, 미션을 수행하기 위해 더욱 집중하게 하는 장치가 됩니다. 그리고 짧은 시간 안에 해내야 하는 긴박감 또한 학생들을 빠르게 협력하도록 해줍니다.

수업 전개

수업을 시작하면서 호주의 샌드위치 가게 '재플슈츠(JAFFLECHUTES)'를 소개하는 동영상을 시청하도록 합니다. 재플슈츠의 영상을 보면 단점을 장점으로 바꿀 수 있었던 발상의 전환을 이해할 수 있을 것입니다.

'샌드위치를 먹기 위해 7층까지 올라올 필요가 있을까?'

'고객이 있는 1층으로 배달을 해주면 되지 않을까?'

재플슈츠의 문제 인식과 발상의 전환처럼 학생들도 전혀 경험해보지 않은 방식으로 발상의 전환을 해보는 것입니다. 마치 게임처럼.

다음으로 미션을 제시하고 미션 수행을 위한 규칙들을 설명합니다.

미션 제시

미션 1: 좋았던 기억과 나빴던 기억을 떠올려 공유하기

미션 2: 최상의 조건과 최악의 조건 만들기

미션 3: 최악의 조건을 극복할 수 있는 아이디어 내기

미션 4: 최상의 식당 홍보하기

게임 요소

1. 4개의 미션으로 활동을 세분화하여 단계를 만들어줌

---

3) 「마케팅 성공 사례로 통찰력 키우기, 단점을 장점으로 바꾼 7층 샌드위치 가게의 비결」 https://m.blog.naver.com/PostView.nhn?blogId=mintnamu147&logNo=221196109526&categoryNo=6&proxyReferer=https%3A%2F%2Fwww.google.com%2F

2. 미션 수행에는 반드시 규칙(시간 제한, 조건 제한 등) 제시
3. 각 팀의 진행 상황을 실시간으로 알려주어 지속적 피드백을 줌
4. 미션 수행 결과를 발표하도록 하여 공감 투표로 보상 시스템을 만들어줌

수업성찰

'창조성이란 상상력을 토대로 도전하는 단계'입니다. 창조성에는 동기를 부여하는 태도와 도전을 통해 해결책을 실험하는 행동이 필요합니다. 창조적 아이디어는 특정 문제를 해결하는 동시에 그 성과물이 분명하게 드러나는 생각입니다. 그러한 아이디어는 자신에게는 참신하지만 다른 사람에게는 그렇지 않을 수도 있습니다. 상상력과 창조성은 명백히 구분되는 개념입니다. 최상의 식당을 마음속으로 그려보는 것 자체는 상상력을 발휘하는 행동이지만, 그 상상력을 통해 실제로 최상의 식당을 소개하는 홍보자료를 만드는 것은 창조성을 발휘하는 행동입니다.

3교시: 가치 제안으로 혁신하라

수업 안내

주제: 혁신적 아이디어로 발전시켜 가치 제안하기

학습 목표	· 창의적 아이디어를 혁신적 아이디어로 발전시킬 수 있다. · 우리의 아이디어가 어떤 이익을 줄 수 있을지 가치를 제안할 수 있다.

단계	수업 흐름	학생 활동 내용	교사 준비 사항
도입 (5분)	활동 소개 및 생각 열기	생각 열기: 혁신적 아이디어로 우리의 생활을 바꾼 사례는 어떤 것이 있을까?	·3D 프린팅(1984), 웹브라우저(1990), 스마트폰(2009)의 혁신성에 대한 사전 지식 ·활동지 준비
전개 (35분)	미션 1 해결할 문제를 재정의하라	활동 1 최악의 조건 중 해결할 문제를 재정의한다.	·규칙 제시: 5분 동안 최악의 식당 조건 중 해결할 문제를 선정하여 재정의한다.
	미션 2 우리의 고객을 찾아라	활동 2 우리의 문제를 가장 불편해 하고 있는 사람, 즉 고객의 특징을 정리한다.	·규칙 제시: 5분 동안 고객을 정의할 특징 3가지 이상을 찾는다.
	미션 3 아이디어를 실현할 방법을 찾아라	활동 3 최상의 식당을 실현할 방법을 찾는다.	·규칙 제시: 5분 동안 최상의 식당을 실현할 방법을 찾는다. ·실시간 피드백: 시간 내에 미션을 수행하도록 진행 상황을 계속 점검한다.
	미션 4 고객에게 가치를 제안하라	활동 4 우리의 식당은 고객에게 어떤 이익을 줄 것인가를 생각하고 정리한다.	·규칙 제시: 5분 동안 고객에게 제안할 가치를 한 문장으로 작성한다.
	미션 5 가치 제안 캔버스를 작성하라	활동 5 가치 제안 캔버스를 작성하여 발표한다.	·규칙 제시: 5분 동안 가치 제안 캔버스를 작성한다. ·보상 시스템: 가치 제안 캔버스 발표
정리 (10분)	발표 및 활동 정리		

3교시는 기업가정신을 키우는 세 번째 단계로 창의적 아이디어가 혁신적 아이디어로 가치 창출되는 과정을 경험해보는 수업입니다. 기업은 부를 창출하는 것을 목표로 하는 집단이므로 창의적 아이디어가 얼마나 큰 부를 가져다 줄 수 있을 것인지에 관심을 갖는 것은 당연합니다. 그렇지만 이 수업에서는 부의 창출에 초점을 맞추기보다는 창의적 아이디어

로 출발한 아이디어들이 혁신과 실행의 과정을 거치면서 가치 있는 대상으로 재탄생되는 데 초점이 맞춰져야 합니다.

수업 전개

'혁신적 아이디어로 우리의 생활을 변화시킨 것에는 어떤 것들이 있을까?'라는 질문으로 시작하여 자유롭게 이야기가 시작되도록 합니다. 가장 이야기하기 좋은 사례는 아마 '아이폰'일 것입니다.

아이폰이 등장한 이후(2009) 우리의 생활에 어떤 변화가 생겼는지는 학생들은 어려서 잘 모르겠지만 선생님들은 그 과정을 모두 경험한 세대입니다. 선생님 자신이 보고 느낀 변화를 생생하게 전달할 수 있습니다. 아이폰과 같은 혁신적 아이디어는 실행의 과정에서 가치를 제공하며, 이러한 가치 제안은 기업 경영에서 가장 중요함을 인식합니다.

예) 삼성 애니콜 갤럭시 S: "세상이 만만해진다, Super Smart"

아이폰: "The fastest, most powerful iPhone yet"

다음으로 미션을 제시하고, 이를 수행하기 위한 규칙들을 설명합니다.

미션 제시

미션 1: 해결할 문제를 재정의하라
미션 2: 우리의 고객을 찾아라
미션 3: 아이디어를 실현할 방법을 찾아라
미션 4: 고객에게 가치를 제안하라

미션 5: 가치 제안 캔버스를 작성하라

게임 요소: 규칙 설명

1. 4개의 미션으로 활동을 세분화하여 단계를 만들어줌
2. 미션 수행에는 반드시 규칙(시간 제한, 조건 제한 등) 제시
3. 각 팀의 진행 상황을 실시간으로 알려주어 지속적 피드백을 줌
4. 미션 수행 결과를 발표하도록 하여 공감 투표로 보상 시스템을 만들어줌

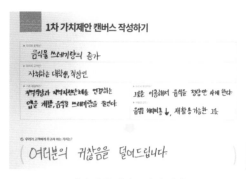

가치 제안 캔버스 작성 예시

수업성찰

'혁신이란 창조성을 토대로 자신만의 아이디어를 고안하는 단계'입니다. 혁신에는 집중하는 태도와 자신만의 해결책을 도출할 수 있도록 문제를 재구성하는 행동이 필요합니다.

혁신적 아이디어는 창조성과 반대로 혁신자 자신에게도 새로울 뿐 아니라 사회 전체에도 새롭습니다. 혁신하기 위해서는 세상을 참신한 시각으로 바라보아야 하며, 고정관념에 도전하고 상황을 재구성하며 서로 다른 분야의 아이디어를 융합할 줄 알아야 합니다. 표면적으로 혁신과 창조성은 별 차이가 없는 것처럼 보일 수 있습니다. 그러나 혁신은 단순히 일상생활에서 겪는 문제를 창조적으로 해결하는 수준을 훨씬 뛰어넘기 때문에 창조성과 분명히 구분되어야 합니다. 3D프린터(1984), 웹브라우저(1990) 등이 대표적인 혁신의 사례입니다. 지극히 역동적인 시장에서 경쟁하기 위해 기업들은 언제나 혁신을 추구합니다.

4교시: 내 안의 기업가정신을 정의하라

수업 안내
주제: 미래의 나에게 가장 필요한 기업가정신 요소와 그 의미 찾기

학습 목표	· 내가 생각하는 기업가정신에 대하여 말할 수 있다. · 내가 꿈꾸는 미래의 나의 모습을 기업가정신을 포함하여 설명할 수 있다.		
단계	수업 흐름	학생 활동 내용	교사 준비 사항
도입 (5분)	활동 소개 및 생각 열기	생각 열기: 동영상을 시청하면서 기업가정신을 표현하는 키워드 찾아보기	· 영상 준비: 〈출처: 『성공한 청년기업가의 공통점 6가지』(아이디어 고릴라), 2015. 10. 27.), https://www.youtube.com/watch?v=DGiyA-9-Jxc 〉 · 활동지 준비
전개 (35분)	미션 1 기업가정신을 나타내는 키워드 찾기	활동 1 기업가정신을 나타내는 키워드를 활동지에 기록하기	· 규칙 제시: 3분 동안 1인 5개 이상 키워드 찾기 · 실시간 피드백: 진행 상황을 실시간으로 안내
	미션 2 기업가정신 키워드로 빙고판 만들기	활동 2 기업가정신 키워드로 빙고판(4×4) 만들기	· 규칙 제시: 5분 동안 팀별로 4×4 빙고판 만들기 · 실시간 피드백: 빙고게임 전략 안내
	미션 3 빙고게임하기	활동 3 빙고게임하기	· 규칙 제시: 5분 동안 빙고게임 규칙 만들기, 12분 동안 빙고게임하기 · 실시간 피드백: 빙고게임 진행
	미션 4 기업가정신을 한 단어로 나타내기	활동 4 미래의 나에게 가장 필요한 기업가정신은? 이유는?	· 규칙 제시: 10분 동안 미래의 자신에게 가장 필요한 기업가정신을 한 단어로 나타내고 이유를 기록 · 실시간 피드백: 먼저 미션을 수행한 학생들을 발표시키면서 자연스럽게 미션을 완수하도록 함
정리 (5분)	활동 정리	기업가정신에 대한 설명 경청	기업가정신 정의 설명

4교시 수업 설계의 핵심은 학생들이 쉽게 수업에 참여하도록 쉬운 활동으로 시작하여 조금씩 깊이 있는 활동을 하게 하는 것입니다. 결국 '기업가정신에 대한 정의'를 스스로 내릴 수 있도록 하는 것이 관건입니다.

수업 전개

처음 미션에서는 영상을 보면서 기업가정신을 표현하는 키워드를 5개 이상 찾고, 그다음 미션에서는 팀원들과 각자 찾은 키워드를 공유하는데, 이러한 미션은 학생들이 동영상을 보면서 기업가정신 관련 용어에 대하여 더 집중하도록 하는 효과를 줍니다. 영상을 시청하면서 학생들이 간혹 키워드 찾는 일을 깜빡 잇는 경우도 있으므로, 지속해서 학생들을 관찰하고 미션을 상기시켜주어야 합니다.

키워드를 한 명당 5개 이상씩 찾아냈다면 다음 미션은 팀원들이 찾아낸 키워드로 빙고판을 채우도록 하는 것입니다. 이때, 따로 가르쳐주지 않아도 학생들은 빙고게임에서 이기려고 전략을 짜게 되고, 그 과정에서 자연스럽게 팀 내에서 서로 키워드를 교정하고 필터링하는 것을 볼 수 있습니다. 이렇게 빙고판을 만드는 과정도 학생들에겐 학습의 기회가 됩니다. 내가 찾은 기업가정신 키워드와 친구들이 찾은 키워드가 서로 다를 수 있다는 것, 그리고 빙고판을 전략적으로 짜기 위해 키워드를 선별하는 과정에서도 학생들은 '나는 이런 키워드를 넣고 싶은데, 다른 친구들은 또 다른 키워드를 더 중요하게 생각하는구나' 등의 생각을 하면서 서로의 생각을 맞춰갈 것입니다. 즉, 협력하는 방법을 터득해가는 것이라고 할 수 있습니다.

선생님은 각 팀의 진행 상황을 보면서 피드백해주시고 진행이 더딘 팀에게는 조금만 노력하면 할 수 있다고 계속 독려해 주시면, 학생들은 포기하지 않고 빙고판을 완성하게 됩니다. 아울러 학생들은 선생님의 수업을 호의적이고 긍정적으로 받아들일 수 있습니다.

빙고판이 완성되면 본격적으로 빙고게임을 진행하는데, 빙고게임은 중고생 정도면 누구나 할 줄 아는 게임이고, 어떻게 하면 '빙고'를 다른 팀보다 더 빨리 외칠 수 있을지 알기 때문에 학생들은 이때 매우 재미있어 합니다. 빙고게임의 룰은 모두가 알고 있기는 하지만 어떤 팀이 먼저 시작할지, 어떤 방식으로 게임을 진행할지는 학생들과 간단하게 협의하여 진행하는 것이 좋습니다. 그리고 룰을 변경해서 해보는 것도 매우 좋은 방법입니다. 바뀐 룰에 빨리 적응해서 게임에 집중해보는 것도 매우 좋은 경험이 될 수 있으니까요. 게임하는 것 자체가 목적이 아니라 게임을 하면서 기업가정신을 경험하도록 하는 것이 목적이기 때문에 자꾸 새로운 상황을 제시하는 것도 학생들의 경험을 디자인하는 것이라 할 수 있습니다. 게임의 룰을 협의하는 것도 타인과의 의사소통과 이견 수용 등 학생들의 역량을 키우는 방법입니다.

만약, 빙고판을 만들고 게임을 하는 수업을 처음 한다거나, 중학생들을 대상으로 하는 경우에는 빙고판에 선생님이 미리 2~3단어를 채워서 빙고판 학습지를 만들어주면 좀 더 쉽게 수업을 진행할 수 있습니다.

게임을 진행하면서 예상치 못한 상황이 발생하는 경우도 종종 생기는데, 그때마다 학생들과 함께 협의하여 해결하는 것이 중요합니다. 그 자체가 학습의 기회가 되기 때문에 오히려 이런 상황은 더 없이 좋은 공부의 기회가 될 수 있습니다. 예를 들면 '어떤 팀이 찾은 키워드가 과연 기업가정신을 나타내는 것인가?'라는 문제 제기가 들어올 경우를 가정해 봅시다. 사실 확실한 정답이 있는 것은 아니기 때문에 왜 그렇게 생각하는지 설명을 들어보는 것이 중요하고, 왜 그렇게 생각하는지 설명할 수 있으면 그 팀은 게임 속의 또 다른 미션을 수행한 셈이 되는 것입니다. 그 자체가 기업가정신을 키우는 과정이 됩니다.

수업을 게임처럼 플레이하고자 한다면 선생님들의 마인드가 매우 중요합니다. 선생님이 어떻게 유도하는지에 따라 학생들이 게임에 몰입하는 정도가 달라지기 때문에 선생님도 게임을 같이 즐기려는 마음과 열정이 필요합니다.

수업을 재미있게 한다고 해서 교육적 효과를 낼 수 있을까요? 수업이 재미로만 끝나면 오히려 지속가능하기가 힘들다고 봅니다. 학생들이 재미를 통해 얻은 지식으로 자신이 성장하고 있다고 느낄 수 있게 만드는 것이 매우 중요합니다.

그래서 마지막 미션은 빙고게임을 통해서 학생들이 머릿속에 떠올리게 된 기업가정신에 관한 단어를 정리하는 것입니다. 미래의 자신에게 가장 필요한 기업가정신을 한 단어로 표현하고 그 이유를 정리하도록 합니다. 대부분 전통적인 수업은 기업가정신에 대한 정의를 공부하고 기업가정신에는 어떤 요소가 있는지를 공부합니다. 그렇게 공부한 것을 나에게 끌어오는 일은 쉽지가 않습니다. 그렇지만 이 수업에서는 학생들이 영상을 보면서 빙고판을 만들고, 빙고게임을 하면서 특정 단어에 관심을 갖게 될 것입니다. 이에 따라 자연스럽게 그 단어로 기업가정신을 자신의 미래와 연결짓고 그 이유를 설명하게 됩니다. 이러한 경험은 학생들이 세상을 보는 눈을 변화시킬 수 있을 것이라 생각합니다.

이 수업을 통하여 완성한 "미래의 나에게 필요한 기업가정신은 000이다. 왜냐하면 000이기 때문이다"라는 문장을 시간이 허락되면 학급 학생 모두가 발표하도록 하는 것이 좋습니다. 만약 여건이 안 된다면 각자 포스트잇에 문장을 쓰도록 하여 복도 게시판에 정리해두면 학생들에게 주는 보상 시스템으로 이 또한 교육적 효과를 가져올 수 있을 것입니다.

수업 성찰

'기업가정신이란 창의적 아이디어를 토대로 혁신을 실현하고 타인의 상상에 영감을 주는 단계'입니다. 기업은 혁신의 결과물을 상업화해야 하므로 기업가정신은 기업에 꼭 필요한 능력입니다. 까다로운 문제를 해결하기 위한 모든 상황에서 기업가정신은 매우 중요합니다. 기업가정신을 지닌 의사라면 인명을 구하는 절차를 고안하고 실행할 것입니다. 기업가적 교육자는 효과적인 교수 학습 방법을 개발하고 적용하며, 기업가적 정책 입안자는 사회 문제에 대응하기 위해 획기적인 법안을 만들고 시행할 것입니다.

이처럼 기업가정신을 지닌 사람들은 자신이 가지고 있는 아이디어를 세상으로 끄집어내어 실현하기 위해서 모호한 불안감을 떨쳐버리고 명확하고 분명한 미래를 향해 나아가고 있는 사람들입니다.

저자 소개 <small>(원고 순)</small>

김상균_ 강원대학교 교수. '세상을 재미있게 바꾸고 싶다'는 꿈을 갖고 게이미피케이션을 연구하며, 다양한 콘텐츠를 창작하여 보급하는 작업을 하고 있다.
로보틱스(학사), 산업공학(석사), 인지과학(박사), 교육공학(교환교수 시절)을 공부했다. 학부 3학년 때 게임 개발자로 사회에 첫발을 내디딘 후 스타트업을 두 번 창업했고, 투자기관 자문역으로 일하다가 2007년 강원대 산업공학과 교수가 되었다. 강원대 교육상과 최우수수업상, 한국공학교육학회 우수강의교수상 등을 받았다.
삼성, LG, GS, 현대 등 여러 국내 기업, 국가공무원인재개발원, 중앙교육연수원, 식약처, 한국과학창의재단, 한국콘텐츠진흥원 등의 국내 기관 및 국외 교육, 제조 기업의 게이미피케이션 프로젝트, 자문에 참여했다. 또한 기업 및 대학에서 총 300회 이상 게이미피케이션 교수법 강연과 워크숍을 진행했다. (email: saviour@kangwon.ac.kr facebook: saviour 2007 website: gamificationlab.live)

김무광_ 창원 해운초등학교 교사이자 초등교사 커뮤니티 인디스쿨 대표. 한국교육개발원 영재교육 담당교원 직무연수 강사를 비롯하여 영재교육 및 창의성, STEAM 교육 강사로 활동했으며, 꾸준히 교육지원청 영재교육원 및 영재학급 학생들을 지도하였다.
학생들의 수준을 고려한 다양한 수학 활동 프로그램을 학생들에게 적용하고자 노력하고 있으며, 〈찾아가는 학부모 수학체험교실〉 등으로 수학교육 대중화에도 앞장서고 있다. 또한 인디스쿨 교사모임 놀이샘으로서 보드게임 활용 수업에 대한 강의를 하고 있으며, 티처빌 원격연수 〈보드게임으로 즐거운 수업 행복한 교실〉 1, 2를 통해 수많은 교사들과 만나고 있다.
(email: ekmas@hanmail.net)

최은주_ 송화초등학교 교사. 학교를 의미있는 공간으로 만들기 위해 수업과 게이미피케이션을 공부, 실천하고 있다. 2017, 2018 콘텐츠진흥원 게임 리터러시 최우수교사연구회, 2019 우수 교사연구회로 선정된 '놀공늘공'에서 게이미케이션을 활용한 다양한 수업 사례를 만들기 위해 연구하고 있으며, 게임문화재단 학부모 게임 리터러시 교재 집필과 게이미피케이션 활용 수업 교사 원격연수 제작에 참여했다. 또한 게이미피케이션 활용 수업에 대한 교사 워크숍과 강연을 하고 있다. (email: indioomuri@gmail.com)

조기성_ 계성초등학교 교사이자 (사)스마트교육학회 학회장. 2011년 첫 스마트 교실을 구축하여 현재까지 연구, 적용하고 있으며, 해외 교육 관계자들에게 100회 이상 수업을 공개하였다.

교육부의 스마트교육, 디지털교과서, 미래교육정책 자문을 역임했고, 국정 사회과 디지털교과서 심의위원을 하며 실감형 콘텐츠를 집필하였다. 사이버폭력예방교육인 '사이버 어울림' 프로그램에 연구진으로 참여했으며, 서울시교육청 미래학교 프로젝트를 시작부터 함께했다.

게임을 활용한 학습방법 연구를 진행 중이며 게임문화재단의 학부모 게임 리터러시 교육 강사로 활동하고 있다. (email: silbest@naver.com facebook: silbest1)

김기정_ 연성중학교 교사이자 경기도토론연구회, 그림책사랑교사모임, 진로교육 연구회 연구위원. 미래세대 청렴교육 콘텐츠 개발 자문위원으로도 활동하고 있다. 경기도교육연수원 진로 그림책 디자인 수업 운영을 했다. 지은 책으로 『그림책 학급 운영』(공저) 등이 있다. (email: joeng49@korea.kr)

문미경_ 곡란중학교 교사이자 경기도교육청 교과연구회 회장, 교육부 선정 진로 교육연구회회장. 한국진로교육학회 이사, 한국벤처창업학회 이사, 서울시 창업포럼 위원(2015~2018)으로 활동하고 있다.

경기도 진로교육생태계 구축 방안 연구를 하면서 초등학교부터 고등학교까지의 진로교육을 지원하는 학습 자료를 개발하고, 경기도진로지원센터에 탑재하여 많은 교사들이 활용할 수 있도록 했다. 또한 '마을공동체 교육을 위한 연구회-수원 희망등대-윤민창의투자재단' 협력 체계를 구축했고, 중국 조선족 동포 교사 진로교육 현지 연수를 진행하였다.

기업가정신 함양 교육 연구와 이를 위한 디자인 씽킹 확산 활동, 게임 리터러시교사 연구회 활동을 활발히 지속한 결과, 한국청년기업가정신재단이 주관하는 창업교육 공모전에서 2년 연속 우수상을 받았다.

「진로와 직업」스마트북, 「SCEP(School Career Education Program)」, 『진로와 직업』교과서 등의 집필에 참여했으며, 「디자인 씽킹 기반의 진로활동 워크북」, 기업 가정신 교육 '챌린지스쿨' 콘텐츠 개발에 참여했다. (email: miezzang7@korea.kr)